叶圣陶青少年文库

散文卷

一个少年的笔记

叶圣陶◎著

时代出版传媒股份有限公司
安徽少年儿童出版社

图书在版编目（CIP）数据

一个少年的笔记 / 叶圣陶著. — 合肥 : 安徽少年儿童出版社，2015.5（2018.10重印）
（叶圣陶青少年文库）

ISBN 978-7-5397-7924-9

Ⅰ. ①一… Ⅱ. ①叶… Ⅲ. ①儿童文学 – 散文集 – 中国 – 当代 Ⅳ. ①I287.6

中国版本图书馆CIP数据核字（2015）第061169号

YESHENGTAO QINGSHAONIAN WENKU XIAOTONGJIANG YIGE SHAONIAN DE BIJI

叶圣陶青少年文库 · 一个少年的笔记 叶圣陶 著

出 版 人：张克文 总 策 划：上海采芹人文化 策划统筹：王慧敏 宣晓凤
责任编辑：胡 潇 插画绘制：国王插画
特约编辑：苏立娜 责任印制：田 航
出版发行：时代出版传媒股份有限公司 http://www.press-mart.com
安徽少年儿童出版社 E-mail：ahse1984@163.com
新浪官方微博：http://weibo.com/ahsecbs
腾讯官方微博：http://t.qq.com/anhuishaonianer （QQ：2202426653）
（安徽省合肥市翡翠路 1118 号出版传媒广场 邮政编码：230071）
市场营销部电话：（0551）63533532（办公室） 63533524（传真）
（如发现印装质量问题，影响阅读，请与本社市场营销部联系调换）
印 制：安徽国文彩印有限公司
开 本：700mm × 1000mm 1/16 印张：11 字数：100千字
版 次：2015 年 5月第 1 版 2018 年 10 月第 11 次印刷

ISBN 978-7-5397-7924-9 定价：15.00元

葉聖陶

叶圣陶（1894.10.28—1988.2.16），著名文学家、教育家、编辑家和社会活动家。原名叶绍钧，字秉臣，江苏苏州人。早年任小学教师，并参加新潮社和文学研究会。1923年起从事编辑出版工作，曾任商务印书馆、开明书店编辑，主编过《文学周报》《小说月报》《中学生》等多种重要刊物。1949年后，历任出版总署副署长兼编审局局长、教育部副部长兼人民教育出版社社长和总编辑、中央文史研究馆馆长等职。创作方面，20世纪20年代陆续出版了《隔膜》《火灾》《线下》等短篇小说集以及长篇小说《倪焕之》，深刻地反映社会现实，呈现出朴实隽永的艺术格调。抗日战争爆发后，辗转到四川工作和生活，写作以散文和文艺评论为主。他的散文感情朴实，意趣隽永，代表作有《藕与莼菜》《牵牛花》《春联儿》等。叶圣陶还是中国现代童话创作的拓荒者。他的童话构思新颖独特，描写细腻逼真，富于现实内蕴。鲁迅先生说，叶圣陶的“《稻草人》是给中国的童话开了一条自己创作的路的”。此外，他还编辑过几十种中小学语文教科书，出版了不少诗集、评论集和论著。

叶圣陶绣像（任嘒闲作）

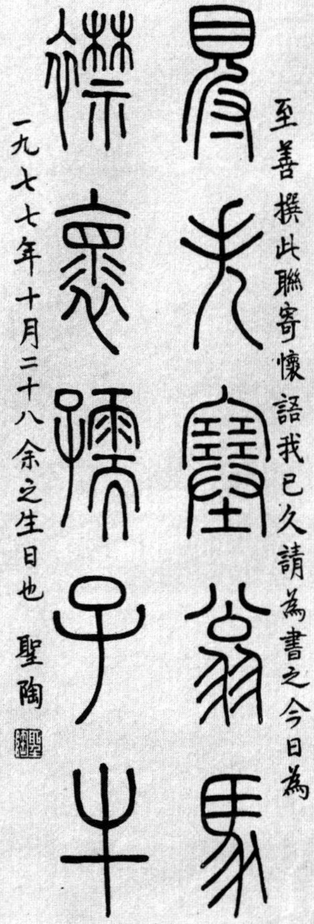

叶圣陶书写的对联，
那一天正好八十三岁。

出版声明

由于时代关系，本文库收录的作品，有些词语、计量单位、标点符号等与现在的用法不尽一致。为了保留作品的原汁原味，本文库对上述地方一般不做改动。同时，因本文库所面对的读者多为青少年，故对原文中部分与现代汉语规范严重不符进而影响阅读的地方做了细微的改动或加以注释，特此声明。

序　言

他一辈子都热爱孩子

叶小沫

（叶圣陶孙女、原《中国少年报》主编）

亲爱的小读者，在你们翻开“叶圣陶青少年文库”这套书的时候，我想和你们说说叶圣陶先生。你们也许会说：“我们知道，我们知道。我们学过他写的儿歌《小小的船》，我们学过他写的散文《荷花》，我们读过他写的童话《稻草人》……”是啊，是啊，不只是你们，回去问问你们的爸爸妈妈、爷爷奶奶，他们也都知道叶老先生呢。他们还会告诉你们，他们小的时候就学过他编的课本，看过他写的书，受到过他的教育。你们也许会问，这是真的吗？难道他比爷爷奶奶的岁数还要大？你们说得没错，如果叶老先生还活着，2014年刚好一百二十岁了。说到这儿，你们是不是有点儿想知道，他究竟是个什么样的人呢？是不是有点儿想知道，为什么直到今天还会有那么多的人在读他的书呢？那就听我说说吧。

叶老先生是江苏苏州人。他小的时候，家里虽然比较穷，但他父亲还是坚持送他去读书。在上中学的时候，他和同学们就非常关心国家大事，盼望着孙中山先生领导的革命能够成功。辛亥革命的第二年，叶老先生中学毕业，那一年他十八岁。因为家境不好，他要工作，要挣钱养家。和当时许多年轻人一样，他很想为国家干一些大事情，但校长却介绍他去当小学教员，并告诉他，要使国家强盛起来，一定要从教育人才做起。经过几年的磨炼，他真正爱上了教师这份工作。

在当教师的同时，叶老先生开始在报纸和期刊上发表文章，其中有不少是文学作品，包括诗歌、童话、散文和小说。后来他当了编辑，编辑的书籍和刊物，大多仍然是给儿童和青少年看的。他通过书籍和刊物，引导和鼓舞一代又一代年轻人与反动势力做斗争，引导他们选择正确的人生道路。

新中国成立以后，叶老先生主要负责中学和小学教科书的编辑和出版工作。在那十几年里，每个孩子手中的课本，都是经过他和他的同事们认真编排的，为了这件事，他倾注了大量的心血。叶老先生一辈子都热爱和关心孩子，都热爱和关心教育事业，直到九十多岁了，还在为孩子们的事情操心，非常恳切地为教育改革提出他的意见。

2014年的十月二十八日，是叶圣陶先生诞辰一百二十周年纪念日。为了纪念这位中国的教育家和作家，为了向青少年朋友介绍他写的儿童文学作品，上海采芹人文化传播有限公司与安徽少年儿童出版社联合策划出版了这套“叶圣陶青少年文库”。他们从叶老先生的作品中，精心挑选了适合八至十五岁青少年阅读的童话、小说、散文、随笔和诗歌，编成了十本集子。童话有《玫瑰和金鱼》和《稻草人》两本，共收录童话三十七篇；小说有《小铜匠》《潘先生在难中》和《友谊》三本，共收录小说三十三篇；散文有《没有秋虫的地方》《我坐了木船》和《一个少年的笔记》三本，共收录散文七十九篇;《假如我有一个弟弟》收录随笔二十五篇;《蒲公英》收录诗歌六十三首。文库所包含的叶老先生的儿童文学作品，方面之全、内容之广以及篇目数量之多，都是这些年来出版的叶老先生的儿童文学作品中少有的，确实称得上是一个叶圣陶的青少年文库了。小读者可以根据自己的年龄、自己的爱好、自己的理解能力，从中选择适合自己阅读的作品来看。如果能静下心来慢慢地读，相信一定会有收获。

我还想告诉小读者，叶老先生当过教师，他了解孩子，知道孩子喜欢看些什么，好些作品写的就是孩子的事儿，所以你们在看他的书的时候，会感到很亲切。可是不能忘了，他的好多作品是在旧社会写的，那个时代离我们太远了，很多情景是你们怎么也想象不出、理解不了的。这时候就得请爸爸妈妈、爷爷奶奶和老师来帮忙了，他们或许可以帮助你们解读在阅读的时候所遇到的问题。

最后，让我们一起来感谢编辑大朋友们吧，感谢他们编了这样一套精美的“叶圣陶青少年文库”！

2014年6月30日

目　录

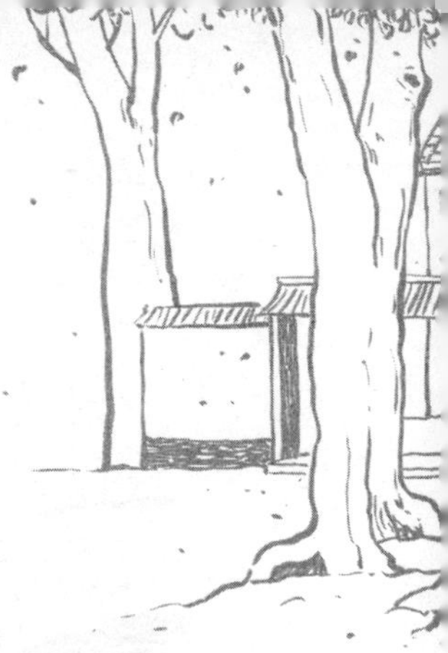

坐羊皮筏到雁滩

初次看见羊皮筏的照片在二十年前。凭这个东西可以在水上行动，像陆上坐车似的，虽然没有什么不相信，总觉得有些儿特别，有些儿异感。再说这个东西的构造也看不大清楚，胀鼓鼓的仿佛一笼馒头，说是羊皮，可不知道怎么搞的。这回到兰州，才亲眼看见羊皮筏，而且坐了羊皮筏过渡到雁滩——雁滩是黄河中的沙洲。

羊皮筏用的是整张的羊皮。我说整张，也许会引起误会，会叫人家想起做皮袄皮袍子的皮料那样的整张。因而必须赶紧说明，并不是那样展开的整张。打个比方，好比蛇蜕下来的皮，蛇爬到别处去了，蜕下来的皮留着，虽然那么瘪瘪的，可还是蛇的形状——是那样保持着原状的整张。宰羊的人剥羊皮(不用说，羊毛先剃光了)，让羊皮从肌肉骨骼上蜕

下来，整张上只有四个窟窿。前肢在膝盖的部位切断，一边一个窟窿；脑袋去掉，脖子的部位一个大窟窿；两条后肢全去掉，臀部的一个窟窿更大。把三个窟窿拴紧，留下一个吹气（为方便起见，当然在前肢的两个里头留一个），吹足了气也把它拴紧。于是成了个长形的气囊，还看得出羊身体的形状。

四个或五六个气囊并排连成一排，看羊皮的大小而定。又把三排气囊直里连起来，就成个长方形的连结体。一个连结体少则十二个气囊，多则十五六个。在这连结体上平铺一个长方形的木架，用绳子系着。木架的结构像个横写的“册”字——当然只是大略的比拟罢了，“册”字底下没有一画，可是那架子底下有一画，“册”字只有四直，可是那架子有十多直，两直之间的距离比人的脚短些，一只脚可以在两直上踏稳。这就齐全了，羊皮筏的装置尽在于此了。

不知道一个羊皮筏有多重。看来不会太重，因为筏工用一条扁担支着它，把它背在背上，一只手按住扁担的另一头，走起来挺轻松的。有人雇乘了，讲好价钱，筏工就把它放在河沿水面上，让乘客跨上去。

还有牛皮筏，我们没看见。听说牛皮筏是装重载的，支起帐篷，里面住人，顺流而下驶往宁夏。要是把牛皮筏比作运货大卡车，那么羊皮筏就是小汽车，坐这么几个人，在近处兜兜罢了。

我们听过朋友的解说，说羊皮筏非常稳当，绝对保险，虽然看起来有些异样，跟习惯的船只很少相同之点。我们跨上去，有些晃荡，可是不比西湖里的小划子晃荡得厉害。照惯例，乘客应当两只脚踏在两条横木上，身体蹲下来，着力在两条腿上。我腿力不济，没法蹲，只好一屁股坐下来，下面贴着木条和羊皮。我们四个人，加上筏工跟一个附载的挑面粉的，筏上共载六个人。

羊皮筏吃水极浅，所以能贴近沙滩，便于上下。羊皮筏有弹力，碰着滩石就弹开来，不至于撞破，就是撞破了一个气囊，还有其他十几个气囊在，影响并不大。羊皮筏的底跟面一般大小，就是在水势大、风浪猛的时候，也不过跟着波浪上落而已，无论如何打不翻。我们坐在羊皮筏上谈着这些个，觉得非常稳当的说法确然属实。还有一层，我们想，要是兰州一带羊肉的消费量不怎么大，恐怕也不会有什么羊皮筏吧。

筏工把扁担插入黄流，悠然划着——扁担的身份改变了，它又是桨，又是舵。雁滩横在前面，林木繁茂，金黄色的斜阳照着，一派气爽秋高的景象。对岸的山耸列在雁滩背后，沉默之中透着庄严。朝左望上游，朝右望下游，虽然秋季水落，还是有浩荡渺茫的气势。身下的羊皮筏太藐小了，不妨看作没有这个羊皮筏，于是我们觉得我们跟大自然更亲密了。我们浮在水面上，我们的呼吸跟黄河的流动、连山的沉默、青天的明朗息息相通。往年在四川乐山，渡江游凌云山、乌尤山，方当水涨，小划子在开阔之极的波面上晃荡，我也曾有过同样的感觉。

没有十分钟工夫就到了雁滩。从前没住人的时候，这河中的沙洲当然是雁栖息之所——雁滩原是个写实的名称，同时又富有诗情画意，古来取雁宿洲渚为题材的也不知道有几多诗篇画幅。现在滩上住着好些人家，都以种菜为业，又有公家的农场苗圃，雁大概不会下来栖息了吧。可是雁滩还是个挺耐人寻味的名称。

我们先往农场。果树上没有什么果子了，可是会客室桌子上陈列着两大盘苹果，色彩不一，又好看又大，几乎可以说耀人眼睛。招待我们的一位同志说场里苹果的品种很多，盘子里是四种；又说果子都藏在地窖里了，数量不多，还不能普遍供应；又说农场的任务之一是推广优良品种，兰州产瓜果本来有名，再在选择品种上下工夫，前途更光明了。他一边说一边让我们尝苹果，尝了一种又尝一种，把四种尝遍。

最大型的一种叫“大元帅”—— 这名称大概就从大型而来，皮作红绿两色，红的地方鲜红，绿的地方翠绿，味甜，入口有松爽的感觉。另一种叫“印度”，皮纯青色，入口爽脆极了，鲜美极了。第三种叫“青香蕉”，跟“印度”一样作纯青色，稍稍淡些，带着香蕉的香味。第四种叫“玉霞”，皮作黄色——像半熟的香蕉那样的黄色，口味也挺不错。很难说四种里头哪一种更好，很难想起以往吃过的苹果也有这么好，一时间尝到这些个好品种，真可以说此游一乐。

尝着好苹果，同时想起幼年吃的苹果。那是四五十年前的事了。中秋前后，苏州水果铺里苹果上市了，至多不过陈列这么五六十个，红绿色的表皮上大多印着黄锈的瘢痕，大的有铜元那么大。无所谓这种那种的分别，只知道这叫作天津苹果，老远地走海道来的。吃这种苹果也无须用刀子削皮，一般人都用大拇指的指甲从果柄的部分刮到结蒂的部分，好比在地球图上画经线，把整个苹果刮遍，于是表皮就可以撕下来。把撕了皮的苹果送到嘴边一口一口地啃，酥极了，宛如吃豆沙包子，舌头上辨得出细沙似的颗粒，咽下去有饱的感觉。我小时候以为苹果就该那么吃，苹果的味道就是那么不爽不利、粘舌腻喉的。老实说，我对苹果没有多大好感。后来在上海吃新鲜苹果，方才领略到苹果的爽脆和鲜美，好就好在这个爽脆和鲜美，小时候的认识完全不是那么一回事。可是历年吃的新鲜苹果也不算少，仿佛全比不上这回在雁滩吃的。

在雁滩谈起瓜，没吃瓜，可是在别处吃了。兰州的瓜太好了，不能不连带说一说。我要说的叫绿瓤甜瓜，属于香瓜一类。香瓜一类跟西瓜一类的主要不同点，瓤和肉可以划然分开，不像西瓜那样肉连着瓤，没有显著的界限。咱们吃西瓜吃它的瓤，吃香瓜不吃瓤，吃它的肉。这些都是大家知道的，不必细说。香瓜一类通常有黄金瓜、翠瓜，大略有些儿香味，不怎么甜，有的绝然不甜，上市的时候，咱们也爱尝一尝，应个景儿，可是总不能成为咱们的嗜好。离苏州三十六里有个乡镇叫甪直（“甪”音“陆”），我在那里住过好几年，那里出产一种苹果瓜，形状像苹果，小饭碗那么大，青皮绿肉，比一般黄金瓜甜些，苏州一带认为名贵的品种，实际上也不过如此。兰州的绿瓤甜瓜也大略像苹果，有儿童玩的小足球那么大，皮作白色，白里带黄，并不好看，切开来可好看了，嫩绿的肉好像上品的翡翠。咬一口那嫩绿的肉，水分多，味道甜而鲜，稍稍咀嚼几下，就那么和润地咽下去，仿佛没有什么质料似的。吃过一两块，只觉得甜美清凉直透心脾，真可以说无上的享受。这种瓜可以久藏，到春节的时候拿出来，是绝妙的岁朝清赏。

还得说一说哈密瓜。兰州市街在一个拐角处聚集着好些家回民开设的铺子，贩卖新疆的土产特产，哈密瓜就在那里买。哈密瓜也属于香瓜一类，形状像橄榄球，大小也相当。皮作暗绿色，粗糙，有细碎的并不深刻的裂纹。切开来，肉作淡黄色——也可以说淡红色，跟南瓜差不多。甜味似乎比绿瓤甜瓜厚些，不如绿瓤甜瓜的清，水分也比较少些。哈密瓜声名很大，在往时，绝大多数人仅闻其名，不知道究竟是怎么样一件东西。往后交通日益发展，铁路网像蜘蛛网似的结起来，一方面产地讲究培植，提高产量，我想，哈密瓜和兰州的绿瓤甜瓜、“大元帅”之类必然会在各地水果铺里出现，家喻户晓，像广东香蕉、天台柑橘一个样。

说得远了，现在回到雁滩。我们吃过苹果，就出来随处看看。这里是苹果树，那里是梨树、桃树。白杨的苗木密密地插在那里，只看见平行的直干子。沙路旁边的槐树伸展着近乎羽状的叶片。垂柳倒挂下来，叶子一动不动，虽然到了深秋时节，仿佛还不预备凋零似的。四围寂然，只听见黄河流动的静静的声音。

这雁滩是兰州人游息的地方，尤其在夏天。工作人员逢到假日来这里消磨这么一天半天，好在四围全有树木，无论上午下午都可以遮荫，沙地上坐坐躺躺又是挺舒服的。放暑假的学生几乎把这里看作第二学校，大伙聚在一块儿，看一会儿书，做一会儿游戏，开一个什么会，比平时的学校生活还要愉快。兰州夏天本来不怎么热，这雁滩尤其凉爽。在这凉爽的境界里，看那庄严静穆的山峦、浩荡渺茫的黄河，看那山光水色随着朝晚阴晴而变化，简直是精神上洗一回澡，洗得更见清新，更见深湛。

好些个农民挑着满担的花菜往河边，搭乘羊皮筏。那花菜是才在地里割的，赶紧挑出去，下一天早晨兰州市上就有

“还没断气”的新鲜花菜。

暮色压下来了，压着连山，压着林木，压着黄河，也压着我们的眉梢。于是我们又跨上羊皮筏。

（1954年1月10日作）

登 雁 塔

雁塔在西安城外东南面。那天上午十点，我们出西安南门去雁塔，远远望见好些正在兴修的建筑工程，木头构成的工作架跟林木相映衬。听说这些全是文教机关的房屋，西安南郊将来是个文化区。没打听究竟是哪些文教机关，单知道其中有个体育运动场，面积七百多亩，有田径赛场、各种球场、风雨操场、滑冰场、游泳池，可以容纳观众十万人以上——规模够大了。

在以往历史上，有没有一个时期像今天这样在全国范围内搞基础建设的？且不说工矿方面的基本建设，单说机关、学校、公共场所的兴修，修成之后将在那里办理人民的公务，培养少年、青年乃至成人，使他们具有堪以献身的精神体魄，像今天这样的情形在以往历史上有过没有？我不曾下工夫查考，可是我敢于断定不会有。我这个断定从以往社会的性质而来，那时候无非兴修些帝王的宫殿、公侯的第宅、贵介的别墅；或者地主富商修些房子自己住，租给人家收租钱，等于放高利贷；再就是勉强过得去的人家搭这么三间两间聊蔽风雨。除此而外，哪儿会有为了群众的利益招工动众，大规模地兴修房屋的?

这么想着，不觉雁塔早已在望。原地颇有高下，可是坡度极平缓，车行不感颠簸。不多久就到了雁塔所在的慈恩寺门前。

进门一望，只觉景象跟一般寺院不大一样。殿宇亭台不怎么宏大，空地特别宽广，又有栽得很整齐的林木、蒙络荫翳的灌木丛、略有丘壑之势的小土丘，树荫之下立着好些个埋葬僧人的小石塔，形制古朴有致。这就成个园林的布置，佛殿只是整个园林的一个组成部分，不像杭州的灵隐寺那样，一进门只见回廊、大殿、经院、僧房，虽然并不逼仄，总叫人感觉不太舒畅。多数寺院都属于灵隐寺一派，而这个慈恩寺仿佛一座园林，我说它跟一般寺院不大一样就在此。这寺院当然不是唐朝的旧观，可是眼前的这个布置尽够叫人满意了，何况单提慈恩寺这个名字就叫人发生历史的感情。这是玄奘法师翻译佛经的场所，寺里的雁塔是玄奘法师所倡修，

玄奘法师那样坚苦卓绝地西行求法，那样绝对认真地搞翻译工作，永远是中国人的骄傲，永远是中国人的一种典范，谁信佛法谁不信佛法并没关系。

台阶两旁立着好些题名碑，题名的是明清两朝乡试中举的人。唐朝有新进士雁塔题名的故事，后代人似乎非模仿一下不可，可是京城不在西安，新进士不会在西安会集，于是轮到新举人，写篇记，刻块碑，把名字附上，也算表示了他们的显荣和雅兴。看那些记文，说法都差不多。本来就是那么一回事，题材那么枯窘，有什么新鲜的意思好说的？我们不耐一一细看，我们登雁塔要紧。

雁塔在慈恩寺的后院，不知道实测究竟有多高，相传是三百尺，耸然立在那里。塔作方形，共七层，一层比一层缩进些，叫人起稳定之感。每层每面有个拱形的门框。最下一层的门框是进塔去的过道，东南西北四面都可以进去。从第二层起，四面门框全装栅栏，游人可以靠着栅栏眺望。我们从南面的拱门进去，走完过道，塔中心空无所有，只靠墙架着两架扶梯。扶梯作直角的曲折，几个曲折才到第二层。猜想所以架两架扶梯之故，一来是游人多的时候可以分散些，二来是最下一层地位宽，容得下两架扶梯，两架扶梯之外还大有回旋余地，你看，从第二层起就只一架扶梯了。

杜工部《同诸公登慈恩寺塔》诗中有“仰穿龙蛇窟，始出枝撑幽”的句子，写的正是从最下一层往上爬的印象。那里过道比较深，进去的光线不多，骤然走进去尤其觉得昏暗。于是杜老想象这么昏暗的所在该是龙蛇的窟穴吧。到了第二层，光线从四面而来，就觉得豁然开朗，出了“幽”境——“枝撑”指塔内的木材构筑。

第二层齐扶梯的顶铺地板，以上五层都一样。有了这地板，才可以走到拱门那里，爱望哪一面就往哪一面去，又可以歇歇脚，透透气，再往上爬。要是没有这地板，扶梯接扶梯一直往上，且不说没法从从容容地眺望一番，开开眼界，就是从下朝上、从上朝下望望，那么一个又高又空的塔中心，那么些曲折不尽的扶梯，就够叫人目眩心惊腿软的了——地板稳定了游人的情绪，无论在哪一层，都仿佛在一间楼房里似的。

同伴说我力弱，不必爬到第七层，爬这么两三层就可以了。我也想，如果要勉强而行——而且是过分地勉强，那当然不必。可是我升高一层歇一会儿，四面望望，再升高一层，虽然呼吸不怎么平静，心跳越来越强，两条腿越来越重，总还觉得支持得下，没有什么大不了，结果我居然爬上了第七层。可以说是勉强而行，然而不是过分地勉强。在某些场合——比游览重要得多的场合，只要意志坚强，有时候连过分地勉强也有所不避，勉强让意志给克服了，也无所谓勉强了。

在最高一层四望，因为天气浓阴，空中浮着云气，只觉一片混茫，正如杜老诗中所说的“俯视但一气”，南面既望不见终南山，朝西北望，贴近的西安城市也不太清楚。至于杜老所说的“七星在北户，河汉声西流”，那根本是想象，并非他登塔当时的实景。我们未尝不可以作同样的想象，这么想象就好像我们自身扩大了，其大无外的宇宙也不见得怎么大似的。

一层一层下去当然比上来容易，可是每下一层也得歇一歇，免得头昏眼花。出了最下一层的拱门，我们坐在台阶上休息。坐不久又不免站起来看看，原来拱门内过道的石壁上全是刻字，起初挤在游人丛中急于登塔，竟不曾留意。刻的大多是诗篇，各体的诗，各体的书法，各个朝代的年号，还有各个风雅的题壁人的名字。这且不说，单说一点。后代的题壁人见壁上早已刻满，再没空地位，就把自己的文字刻在前代人的题壁上，你小字，我大字，你细笔画，我粗笔画，总之，抹杀你的，光有我的。这样强占豪夺的风雅，未免风雅过分了。

最下一层四面拱门的门楣上都有石刻画，我以为最值得细看。刻的是佛故事，人物和背景全用细线条阴刻。依我外行人的见解，细线条的画最见工夫，你必须在空白的幅面上找到最适当最美妙的每一条线条的位置，丝毫游移不得，你的手腕又必须恰好地描出每一条线条，丝毫差错不得，太弱太强也不成。所以画家必须先在心目中创造完美的形象，又有得心应手的熟练技巧，才能够画成细线条的好作品。最近故宫博物院布置绘画馆，在第一陈列室的正中间挂一小幅敦煌发现的唐朝人的佛像图，全用细线条，我看了很中意。现在这门楣上的石刻画，可以说跟绘画馆的那一幅同一格调、同一造诣。雁塔经过几次重修，连层数也有所改动，建筑材料当然有所更换，可是一般相信底层没大动，门楣石该是唐朝的原物，石上的图画该是唐朝人的手笔。这就无怪乎跟敦煌保藏的唐画相类了。据梁思成先生《敦煌壁画中所见的古代建筑》那篇文章，西面门楣上的画以佛殿为背景，精确地画出柱、枋、斗拱、台基、椽檐、屋瓦以及两侧的回廊，是极其珍贵的建筑史料，可以窥见盛唐时代的建筑规模。

南面拱门两旁各陈列一块褚遂良写的碑。石壁凹陷进去，砌成龛形，碑立在里面，前面装栅栏，使游人可望而不可即。一块是唐太宗所撰的《大唐三藏圣教之序》，一块是唐高宗所撰的《大唐三藏圣教序记》——这块碑从左往右一行一行地写，有些特别，用意在跟前一块碑对称，成为“合欢式”。褚遂良的书法不用说，单说那碑石经历了一千四百年，文字还很完整，笔画还有锋棱，可见石质之坚致。西安好些古碑大都如此，大概用的“青石出自蓝田山”的青石吧。向来玩碑的无非揣摩书法，考证故实，注意到碑额、碑趺和碑旁的装饰雕刻是比较后起的事情。其实好些古碑的装饰雕刻尽有好作品，大可供研究雕刻艺术的人观摩。就是这两块褚碑，两边的蔓草图案工整而不板滞，已经很够味了。碑趺的天人舞乐的浮雕尤其可爱。那是浮雕而超乎浮雕，有些部分竟是凌空的立体，雕刻不怎么工细，可是人物的姿态极其生动，舞带回环，仿佛在那里飘动似的。两碑雕的都是一个舞蹈的在中间，奏乐的分在两边（一块上是奏管乐，一块上是奏弦乐），两两对称，显出图案的意味。碑额雕的什么，可恨我的记忆力太差，记不起了，只好不说。

曲江池在慈恩寺东面不远。曲江池这个名字在唐朝人的诗里见得很多，其地既然近在眼前，我们应当去看看。

一路上陂陀起伏，车时而上行，时而下行——所谓黄土平原原不像操场、运动场那样平。在比较高的地点眺望，只见四面地势高起，环抱着一块低洼地，田亩而外就是树林，虽然时令在秋季，浓阴笼罩着茂密的林木，倒叫人发生阳春烟景的感觉。我们知道这就是所谓曲江池了。曲江原是个人工池，水是浐河的水，唐玄宗开元年间引过来的。到唐朝末年，大概是通道阻塞了，池就干了，变为田亩。

在盛唐时代，这曲江池四围尽是公侯第宅，楼台亭榭大多临水，花柳相映，水光明澈，繁华景象可以想见。曲江池又是当时长安人游乐处所，逢到三月上巳[①]、九月重阳，游人尤其多，不论贫富贵贱，大家要来应个景儿。池中荡着彩船，堤上挤着车马，做生意的陈列着四方货品，走江湖的表演着各种杂技，吹弹歌唱，玩球竞马，凡是享受取乐的玩意儿，在这里集了个大成。又因当时河西走廊畅通，文化交流极盛，形形色色都掺杂着异域的情调和色彩，更见得这里来凑个热闹可喜可乐。——照我猜想，当时情形大概跟《彼得大帝》影片里的某些场面相仿，逢到节日良辰，皇帝、贵族还肯跟庶民混在一块儿寻欢取乐，不摆出肃静回避、容我独享的臭架子。按封建时代说，这就很不错了。

至于现在，游了慈恩寺、登了雁塔的，多半要来曲江池走走，慈恩寺和曲江池自然联成个没有名称没有围墙的公园。

---

① 上巳，即上巳节，魏晋以后被固定为三月初三，成为了水边饮宴、郊外游春的节日。

这是个普通的星期日，而且天气阴沉，可是曲江池游人尽多。这边是一队少年先锋队在且行且唱，那边是一批工人在闲步眺望，机关里的男女干部，乡村里的小姑娘、老太太，结伴而来，兴致挺好，笑语嘻嘻哈哈的，脚步轻轻松松的。几年以来，大家已经养成习惯，工作的日子卖力工作，休假的日子认真玩乐。郊外既然有这么个好所在，谁不爱来走一走、乐一乐？一条马路正在修筑，从城里的解放路（东半边的南北干路）直通雁塔，城里人出来更方便了。一方面体育运动场也快完工。将来逢到四野花开的时节，春秋晴朗的日子，或者运动会举行的期间，城里人必将倾城空巷而出，乡里人也必闹闹挤挤地出来享受他们的一份儿。这样的盛况是可以预想的。既有这新时代的盛况，封建时代的盛况也就没有什么可以留恋了。

曲江池附近有一道陷落五六丈的土沟，王宝钏的“寒窑”就在沟里。王宝钏原是“亡是公”“乌有先生”一流人物，她的“寒窑”当然在“无何有之乡”，可是偏有人要指实它，足见戏剧影响社会之深。舞台上既然演《别窑》和《探窑》，那“寒窑”怎能没有个实在地点？《宝莲灯》里有劈山救母的故事，就有人在华山上指明斧劈的处所（这是听人说的，并未亲见），理由也在此。我们走下土沟去看，原来是个小小的庙宇，中间供泥塑女像，上面挂“有求必应”的匾额，王宝钏成了神了。身份虽然改变，实际还是一样——神不是也属于“亡是公”“乌有先生”一流吗？庙宇实在没有什么可看，倒是庙门前的两棵白杨值得赏玩，又高又挺拔，气概非凡。回到原上看，那两棵白杨的上截高过原面一丈左右。

（1954 年 1 月 21 日作）

荣宝斋的彩色木刻画

所谓彩色木刻画就是用木刻套印的方法印成的画幅，人物、花鸟、山水……差不多跟中国画画家笔下的真迹一模一样。我家里挂着一幅新罗山人的花鸟画，一块石头前伸出一枝海棠，三只红胸鸟停在枝上，上下照应，瞧那神气正在那里使劲地叫。朋友们见了，有的说这一幅画得好，有的不言语，只是默默地观赏，也许还在那里想怎么我也收藏起名家的作品来了。等我说明这是彩色木刻画，荣宝斋的出品，他们都不期然而然地吐出一声："啊！"——这"啊！"里头含着惊奇、不相信的意味。可见彩色木刻画简直可以"乱真"了。

在16世纪，我国就有彩色木刻画，多半印在诗笺上。诗笺是二十多公分高的小幅，听名称就可以知道它的用处。文人作成诗，总爱写给朋友们看看（那时候还没有报和杂志，也就没有投稿发表这回事），或者那首诗是特地赠给谁的，更非写录不可。把精心结撰的诗篇写在印着彩色画的诗笺上拿出去，当然比写在白纸上漂亮得多。

诗笺也拿来写信。要是按实定名，写信的该叫信笺。信稿起得好，又是一手好字，写在印着彩色画的信笺上，可以使收信人在了解实务、领略深情以外多一分享受。

近年来我国送些出版物到国外去展览，其中有笺谱，也许“笺谱”这个名称确实不容易翻，就翻成“画集”。“集”跟“谱”固然可以相通，都是“汇编”的意思，可是“笺”是诗笺和信笺，表示一定的用途，只因笺上有画就管它叫“画”，不免引起误会。为了解除误会，我特地在这里提一下。

诗笺、信笺上印彩色画，彩色画有各种各样的画法，印起来有容易有难。譬如一幅花卉，花朵、叶子、枝条全用墨色线条勾勒，花朵着红色，叶子着绿色，枝条着棕色，只要按色分刻四块板子——墨色、红色、绿色、棕色各一块——套印就成，那比较容易。花鸟画还有所谓没骨法，不用线条勾勒，只用彩色渍染，譬如画一张荷叶，绿色有浓有淡，有些地方用湿笔，绿色从着笔处稍微溢出，有些地方用枯笔，显出好些没着色的条纹，这要印出来就比较难。可是印造诗笺、信笺的摸索出一套方法，练成一套技术，也能够照样办到，总之，原画怎么样就印成怎么样。咱们现在看荣宝斋仿造的《十竹斋笺谱》，里头就有用这样的印法的。《十竹斋笺谱》的原本在崇祯十七年出版，还是17世纪中段的东西呢。

我小时候喜欢从纸店里买些诗笺玩儿，都是线条画，套印不过两色。这个东西跟文人有缘，大概文人比较多的地方就有。一般人既然不作诗，写信又没有什么讲究，当然用不着这种画笺。北京地方印造这种画笺的最多，理由很容易了解，不用多说。据朋友告诉我，清朝末年有懿文斋、松古斋、秀文斋、宝文斋、宝晋斋、万宝斋、松华斋、荣禄堂、翰宝斋、翰雅斋、彝宝斋、清秘阁这么些家，出品都是单色的。还有一家松竹斋最出名，有二百多年的历史，庚子事变的时候倒闭了，后来改组成荣宝斋。现在荣宝斋经过改造，已经是国营的企业。

荣宝斋印过翁同龢画的梅花屏四条，又仿造过诒王府的彩色角拱花笺，很有名，后来渐渐印笺谱，仿造的《十竹斋笺谱》是出色的成绩。最近多印册页、条幅，册页有《现代国画》、《敦煌壁画选》、沈石田的《卧游》画册……条幅有方才说的新罗山人的花鸟画，有齐白石先生、徐悲鸿先生的作品，全是木刻套印的。册页比诗笺大三四倍，条幅更大了，新罗山人的那一幅，高一公尺二十六公分，宽四十一公分半。可见荣宝斋的新的努力是使彩色木刻画向大幅发展。

我参观过荣宝斋的工场，现在据参观所得谈谈彩色木刻画的制作方法和技术。

得从板子说起，有了板子才可以印刷。刻板子先得描底稿。像方才说的花朵着红色、叶子着绿色、枝条着棕色的画，只要照原画分色勾描，原画有几色，描成几张底稿就成了。勾描用映写法，就是拿半透明的薄纸蒙在原画上，看准原画用细线条勾描。至于用彩色渍染的画，一个颜色里有浓淡，一个地方着好几色，或者还有湿笔、枯笔，那么分析板子就是大工夫。不明白画理没法下手，还得熟悉印刷的技术。设计的人从画理和印刷的技术着眼，认定哪儿的浓淡得分刻几块板子，哪儿的几色可以合用一块板子，哪儿的湿笔只要

印刷的时候使些手法就成，然后分别勾描。勾描是极细致的工作，描得进一线出一线就走了样，张张底稿描得准确，位置不差分毫，印起来才套得准。一幅彩色不怎么繁复的画，至少也得分别描成六七张底稿。这还是就册页说。至于条幅，高度在一公尺以上，即使上方和下方有些部分彩色完全相同，可是印刷条件有限制，不能够同时印刷，也得分别描成几张底稿。譬如一幅花卉，上方的、中部的、下方的一部分叶子都是淡绿色，彩色虽然相同，也得描成三张底稿，刻成三块板子，分三次印刷。像我说的新罗山人的那幅花鸟画，勾描下来分成四十九张底稿，刻成四十九块板子，印刷的次数还要多，因为有些板子要印两次或三次。看起来那么雅淡简洁的一幅画，不知道底细，谁也不会相信制作的手续是这么繁复的。

方才说拿薄纸蒙在原画上勾描，描出来自然跟原画一样大小，也可以改变原画的大小，让印成的画幅比原画小些或者大些，这要依靠照相。照相把原画缩小或者放大，然后依据照片勾描，原画放在旁边随时参考。印造彩色木刻画全部是手工，只有在这个场合才利用现代的机械。

分别描成底稿，随后的工作就是刻板子。底稿反贴在刨平的木板上，跟刻书一样，刻成的板子是反的。木板是杜梨木，木质坚实匀净。我国木刻向来用杜梨木和枣木，所以“梨枣”成了木刻的代称。

工人刻板子的时候，右手握着刀柄，左手的拇指和食指帮着推动刀尖，那么细磨细琢地刻画着。原画放在旁边随时参考。所谓参考主要在体会原画的笔意，只有传出原画的笔意才能刻得真，不走样。柔和的线条要保持它的柔和，刚劲的线条要显出它的刚劲，无论什么形状的笔触要没有斧凿痕，全都像画笔落在纸上的那个样儿，这固然靠勾描的工夫到家，可是勾描得好而刻工差劲，那就前功尽弃。所以刻板子的人也得明白画理，他要辨得出笔触的意趣，能够领会什么是柔和和刚劲，还得得心应手，实践跟认识一致，才能把板子刻得像样儿。鸟身上的羽毛，花心里的花蕊，一丝一缕都得细细地刻。还有那些枯笔，笔意若断若续，就得还它个若断若续。落笔的地方是极细的一丝丝，一丝丝之间是空白的一丝丝，这些丝丝全要照样刻出来，不容一丝有一些斧凿痕。我国善本书的书板向来称为精工的制作，现在谈的这个画板，比书板还要精工得多。

板子刻成以后，就是印刷了。先说说印刷的设备。这跟我国印木板书的设备一样。印刷桌的平面上挖一道比较宽的空隙，木板固定在空隙的左边，待印的一叠纸张固定在空隙的右边。往右边摊开的纸张翻到左边的木板上，印过以后让它从空隙那里垂下去，再翻第二张。固定木板，现在荣宝斋用的是外科中医用的膏药。这东西胶性很强，不致移动，可是用力挪移木板还是可以挪动，试印的时候校正位置挺方便——校正位置是一项重要工作，必须试得丝毫没有差错才能正式开印，不然就套不准。固定纸张的方法是拿一根木条把一叠纸的右边压住，木条两头拴紧，使它不能移动。一叠纸有它的厚度，压住的时候必须使每一张稍微错开点儿，这才从头一张纸到末了一张纸，板子都能印在全张纸的同一个位置上。

印刷不用油墨，用中国画画家用的颜料。换句话说，原画上用的什么颜料，印刷也用什么颜料。预先把颜料调好，水分多少，浓淡怎么样，都得对照原画。原画是早已干了的，必须估计到调好的颜料印在纸上干了以后怎么样，才可以不致差错。这全凭经验，经验里头包括眼睛的辨别力、调色的技巧，还有对于纸张的性质的认识。

纸张用宣纸，因为中国画画家作画大都用宣纸，既然要印造得跟原画一模一样，用纸自然应该相同。再说，用毛笔画水彩画只有画在宣纸上最合适。道林纸、铜板纸上虽然不是绝对不能画，画出来至少会减少画的意趣。譬如一笔浓笔画在道林纸、铜板纸上，着笔的地方跟纸面空白的地方必然界限分明，像刀刻似的，这就减少了意趣。要是毛笔多蘸了些水，涂上去水就浮在纸面上，彩色着不上纸，那还成个画？像齐白石先生常画的浓淡墨掺和着的大荷叶，道林纸、铜板纸上简直没法画。宣纸比道林纸、铜板纸松，质地匀净滋润，能吸水，无论浓笔湿笔，涂上去全能适应。水彩、毛笔、宣纸是中国水彩画的物质条件，彩色木刻画既然是仿造中国水彩画，自然不能不采用宣纸。

印册页、条幅都用双层宣纸，双层是造纸的时候就粘起来的。用双层纸印，彩色更好更美观。有些旧画的纸张，颜色变了，不像新宣纸那么白，仿造这些旧画的时候，宣纸就得先染色，染成旧纸的颜色。

宣纸是安徽泾县出产的，在宣城集中外销，所以叫宣纸。历史很久了，唐朝时候就有这种纸，明清两代生产最发达。原料是檀木的皮。用途除供文人写字作画以外，还可以印木板书。抗日战争一开始，泾县的造纸户全部垮了台，直到解放时期也没恢复。后来组织宣纸联营处，最近又由地方政府投资，联营处改为公私合营。造纸工人见宣纸还有相当的需要，都表示决心，保证今后数量够用，质量提高。他们的经验和技术足够实现他们的保证，质量达到明清产品的标准不成问题，并且还可以超过。今后中国画画家和彩色木刻画的印造家可以不愁没有好纸用了。

现在该谈印刷的方法了。印刷的时候，原画当然也得挂在旁边。工人用毛笔蘸了调好的颜料涂在板子上，然后翻过一张纸，左手把纸拉平，右手拿一个叫“耙子”的家伙（大略像擦黑板的刷子，底面用棕皮包平，稍微有些弹性）在纸背面贴着板子的部分研印。这么说来好像印刷挺简单似的，其实不然。涂上颜料以后先得用一个细棕刷子（形状像咱们剃胡子时候拿来蘸肥皂的刷子，不过大得多，一大把细棕丝理得挺平的）刷过，使板面的颜料匀净，边缘上不致有溢出的颜料。如果是一块有一部分该印淡色的板子，譬如一张秋海棠叶，右边缘的绿色非常淡，那么把绿色颜料涂在板子上以后，就得擦掉右边缘的颜料，再用细棕刷子蘸了水轻轻刷过，然后印刷。这样，右边缘的颜料虽然擦掉了，可是木板上还保留着绿色的水分，因而印出来刚好是极淡的绿色，又因为用刷子刷过，印出来的极淡的部分跟其他部分没有划然的界限。又如某一块板子在原画上是湿笔，涂在这块板子上的颜料就得有适当的水分，水分必须不多也不少，印出来才能跟原画一致。以上说的全是翻过纸来印刷以前的事儿。再说纸张蒙在板子上，拿耙子在纸背面研印也大有分寸。哪块板子该实实在在地印，哪块板子只要轻轻一印，全靠对于挂在旁边的原画的体会。至于得心应手印得恰如其分，那就非有熟练技巧不可。

哪一色的板子先印，哪一色的板子后印，这里头有讲究。哪一色得等前一色干了以后印，哪一色得在前一色没干的时候印，这里头也有讲究。这些讲究全跟画家作画的当时一样。遇到浓重的彩色，印一次不够，就再印一次，甚至印三次，这等于画家的画笔在纸面上浓涂。

印小幅是一个人的工作。印比较大的就得添一个人，帮着翻纸张，拉平纸张。印过一张还得看看有没有毛病，然后让它从印刷桌的空隙那里垂下去，工作当然不会怎么快。整个工场里静静的，跟现代印刷厂的气氛完全不同。咱们跑进现代印刷厂的车间，所有机器都在那里动，机器声似乎把全车间的空气给搅动了，因而视觉、听觉、触觉的器官全让动的感觉给占据了。在印刷彩色木刻画的工场里可没有这样的感觉。

还有一点该说一说。一幅画经过印刷，许多板子的边缘把纸面挤得洼下去，必然留下痕迹，这在原画上显然是没有的。可是不碍事，印成的画幅经过砑平托裱，就没有什么了。

中国彩色画也可以用彩色铜板、彩色胶板精印，可是铜板印的、胶板印的总觉得像张照片（看铜板、胶板印的油画就不大有这个感觉）。这是没有办法的，纸是铜板纸，彩色是油墨，物质条件不同了，当然不能完全传出原画的意趣。彩色木刻画用的纸张、颜料跟原画完全相同，只是用木板代替了毛笔，在雕刻和印刷的技术上又尽量设法不失毛笔画的意趣，所以制成品简直可以“乱真”。一幅精工的彩色木刻画不但是上好的工艺品，而且是比原画毫无愧色的艺术品。

（1954 年 3 月 3 日作）

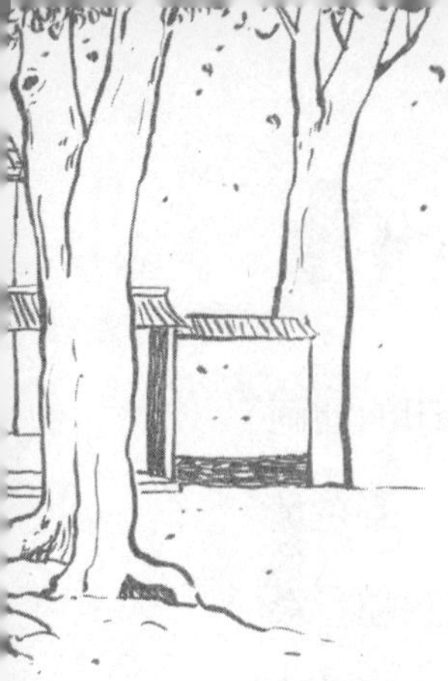

游了三个湖

这回到南方去，游了三个湖。在南京，游玄武湖，到了无锡，当然要望望太湖，到了杭州，不用说，四天的盘桓离不了西湖。我跟这三个湖都不是初相识，跟西湖尤其熟，可是这回只是浮光掠影地看看，写不成名副其实的游记，只能随便谈一点儿。

首先要说的，玄武湖和西湖都疏浚了。西湖的疏浚工程，做的五年的计划，今年四月初开头，听说要争取三年完成，每天挖泥船“轧轧轧”地响着，连在链条上的兜儿一兜兜地把长久沉在湖底里的黑泥挖起来。玄武湖要疏浚，为的是恢复湖面的面积，湖面原先让淤泥和湖草占去太多了。湖面宽了，游人划船才觉得舒畅，望出去心里也开朗。又可以增多鱼产，湖水宽广，鱼自然长得多了。西湖要疏浚，主要为的是调节杭州城的气候。杭州城到夏天，热得相当厉害，西湖的水深了，多蓄一点儿热，岸上就可以少热一点儿。这些个都是顾到居民的利益。顾到居民的利益，在从前，哪儿有这回事？只有现在的政权，人民自己的政权，才当作头等重要的事儿，在不妨碍国家社会主义工业化的前提之下，非尽可能来办不可。听说，玄武湖平均挖深半公尺以上，西湖准备平均挖深一公尺。

其次要说的，三个湖上都建立了疗养院——工人疗养院或者机关干部疗养院。玄武湖的翠洲有一所工人疗养院，太湖边上到底有几所疗养院，我也说不清。我只访问了太湖边中犊山的工人疗养院。在从前，卖力气淌汗水的工人哪有疗养的份儿？害了病还不是咬紧牙关带病做活，直到真个挣扎不了，跟工作、跟生命一齐分手？至于休养，那更是做梦也想不到的事儿，休养等于放下手里的活闲着，放下手里的活闲着，不是连吃不饱肚子的一口饭也没有着落了吗？只有现在这时代，人民当了家，知道珍爱创造种种财富的伙伴，才要他们疗养，而且在风景挺好、气候挺适宜的所在给他们建立疗养院。以前人有句诗道：“天下名山僧占多。”咱们可以套用这一句的意思说，目前虽然还没做到，往后一定会做到，凡是风景挺好、气候挺适宜的所在，疗养院全得占。僧占名山该不该，固然是个问题，疗养院占好所在，那可绝对地该。

又其次要说的，在这三个湖边上走走，到处都显得整洁。花草栽得整齐，树木经过修剪，大道小道全扫得干干净净，在最容易忽略的犄角里或者屋背后也没有一点儿垃圾。这不只是三个湖边这样，可以说哪儿都一样。北京的中山公园、北海公园不是这样吗？撇开园林、风景区不说，咱们所到的地方虽然不一定栽花草、种树木，不是也都干干净净，叫你剥个橘子吃也不好意思把橘皮随便往地上扔吗？就一方面看，整洁是普遍现象，不足为奇。就另一方面看，可就大大值得注意。做到那样整洁绝不是少数几个人的事儿。固然，管事的人如栽花的、修树的、扫地的，他们的勤劳不能缺少，整洁是他们的功绩，可是，保持他们的功绩，不让他们的功绩一会儿改了样，那就大家有份，凡是在那里、到那里的人都有份。你栽得整齐，我随便乱踩，不就改了样吗？你扫得干净，我嗑瓜子乱吐瓜子皮，不就改了样吗？必须大家不那么乱来，才能保持经常的整洁。解放以来属于移风易俗的事项很不少，我想，这该是其中的一项。回想过去时代，凡是游览地方、公共场所，往往一片凌乱，一团肮脏，那种情形永远过去了，咱们从“爱护公共财物”的公德出发，已经养成了到哪儿都保持整洁的习惯。

现在谈谈这回游览的印象。

出玄武门，走了一段堤岸，在岸左边上小划子。那是上午九点光景，一带城墙受着晴光，在湖面和蓝天之间划一道界限。我忽然想起四十多年前头一次游西湖，那时候杭州靠西湖的城墙还没拆，在西湖里朝东看，正像在玄武湖里朝西看一样，一带城墙分开湖和天。当初筑城墙当然为的防御，可是就靠城的湖来说，城墙好比园林里的回廊，起掩蔽的作用。回廊那一边的种种好景致，亭台楼馆，花坞假山，游人全看过了，从回廊的月洞门走出来，瞧见前面别有一番境界，禁不住喊一声“妙”，游兴益发旺盛起来。再就回廊这一边说，把这一边、那一边的景致合在一块儿看也许太繁复了，有一道回廊隔着，让一部分景致留在想象之中，才见得繁简适当，可以从容应接。这是园林里修回廊的妙用。湖边的城墙几乎跟回廊完全相仿。所以西湖边的城墙要是不拆，游人无论从湖上看东岸或是从城里出来看湖上，就会感觉另外一种味道，跟现在感觉的大不相同。我也不是说西湖边的城墙拆坏了。湖滨一并排是第一公园至第六公园，公园东面隔着马路，一带相当齐整的市房，这看起来虽然繁复些儿，可是照构图的道理说，还成个整体，不致流于琐碎，因而并不伤美。再说，成个整体也就起回廊的作用。然而玄武湖边的城墙，要是有人主张把它拆了，我就不赞成。不知道为什么，我总觉得那城墙的线条，那城墙的色泽，跟玄武湖的湖光，紫金山，覆舟山的山色配合在一起，非常调和，看来挺舒服，换个样儿就不够味儿了。

这回望太湖，在无锡鼋头渚[①]，又在鼋头渚附近的湖面上打了个转，坐的小汽轮。鼋头渚在太湖的北边，是突出湖面的一些岩石，布置着曲径蹬道，回廊荷池，丛林花圃，亭榭楼馆，还有两座小小的僧院。整个鼋头渚就是个园林，可是比一般园林自然得多，何况又有浩渺无际的太湖做它的前景。在沿湖的石上坐下，听湖波拍岸，挺单调，可是有韵律，仿佛觉得这就是所谓静趣。南望马迹山，只像山水画上用不太淡的墨水涂上的一抹。我小时候，苏州城里卖芋头的往往喊“马迹山芋艿”。抗日战争时期，马迹山是游击队的根据地。向来说太湖七十二峰，据说实际不止此数。多数山峰比马迹山更淡，像是画家蘸着淡墨水在纸面上带这么一笔而已。至于我从前到过的满山果园的东山，石势雄奇的西山，都在湖的南半部，全不见一丝影儿。太湖上渔民很多，可是湖面太

① 鼋头渚，鼋发音 yuán，是一种生活在水中外形像龟的爬行动物。鼋头渚是横卧太湖西北岸的一个半岛，位于无锡，因巨石突入湖中形状酷似神龟昂首而得名。

宽阔了，渔船并不多见，只见鼋头渚的左前方停着五六只。风轻轻地吹动桅杆上的绳索，此外别无动静。大概这不是适宜打鱼的时候。太阳渐渐升高，照得湖面一片银亮。碧蓝的天空中飘着几朵若有若无的薄云。要是天气不好，风急浪涌，就会是一幅完全不同的景色。从前人描写洞庭湖、鄱阳湖，往往就不同的气候、时令着笔，反映出外界现象跟主观情绪的关系。画家也一样，风雨晦明，云霞出没，都要研究那光和影的变化，凭画笔描绘下来，从这里头就表达出自己的情感。在太湖边作较长时期的流连，即使不写什么文章，不画什么画，精神上也一定会得到若干无形的补益。可惜我来也匆匆，去也匆匆，只能有两三个钟头的勾留。

刚看过太湖，再来看西湖，就有这么个感觉：西湖不免小了些儿，什么东西都挨得近了些儿。从这一边看那一边，岸滩、房屋、林木，全都清清楚楚，没有太湖那种开阔浩渺的感觉。除了湖东岸没有山，三面的山全像是直站到湖边，又没有衬托在背后的远山。于是来了个总的印象：西湖仿佛是盆景，换句话说，有点儿小摆设的味道。这不是给西湖下贬辞，只是直说这回的感觉罢了。而且盆景也不坏，只要布局得宜。再说，从稍微远一点儿的地点看全局，才觉得像个盆景，要是身在湖上或是湖边的某一个所在，咱们就成了盆景

里的小泥人儿，也就没有像个盆景的感觉了。

湖上那些旧游之地都去看看，像学生温习旧课似的。最感觉舒坦的是苏堤。堤岸正在加宽，拿挖起来的泥壅一点儿在那儿，巩固沿岸的树根。树栽成四行，每边两行，是柳树、槐树、法国梧桐之类，中间一条宽阔的马路。妙在四行树接叶交柯，把苏堤笼成一条绿荫掩盖的巷子，掩盖而绝不叫人觉得气闷，外湖和里湖从错落有致的枝叶间望去，似乎时时在变换样儿。在这条绿荫的巷子里骑自行车该是一种愉快。散步当然也挺合适，不论是独个儿、少数几个人还是成群结队。以前好多回经过苏堤，似乎都不如这一回，这一回所以觉得好，就在乎树补齐了而且长大了。

灵隐也去了。四十多年前头一回到灵隐就觉得那里可爱，以后每到一回杭州总得去灵隐，一直保持着对那里的好感。一进山门就望见对面的飞来峰，走到峰下向右拐弯，通过春淙亭，佳境就在眼前展开。左边是飞来峰的侧面，不说那些就山石雕成的佛像，就连那山石的凹凸、俯仰、向背，也似乎全是名手雕出来的。石缝里长出些高高矮矮的树木，苍翠、茂密，姿态不一，又给山石添上点缀。沿峰脚是一道泉流，从西往东，水大时候急急忙忙，水小时候从从容容，泉声就有宏细疾徐的分别。道跟泉流平行。道左边先是壑雷亭，后是冷泉亭，在亭子里坐，抬头可以看飞来峰，低头可以看冷泉。道右边是灵隐寺的围墙，淡黄颜色。道上多的是大树，又大又高，说“参天”当然嫌夸张，可真做到了“荫天蔽日”。暑天到那里，不用说，顿觉清凉，就是旁的时候去，也会感觉“身在画图中”。自己跟周围的环境融和一气，挺心旷神怡的。灵隐的可爱，我以为就在这个地方。道上走走，亭子里坐坐，看看山石，听听泉声，够了，享受了灵隐了。寺里头去不去，那倒无关紧要。

这回在灵隐道上大树下走，又想起常常想起的那个意思。

我想，无论什么地方，尤其在风景区，高大的树是宝贝。除了地理学、卫生学方面的好处而外，高大的树又是观赏的对象，引起人们的喜悦不比一丛牡丹、一池荷花差，有时还要胜过几分。树冠和枝干的姿态，这些姿态所表现的性格，往往很耐人寻味。辨出意味来的时候，咱们或者说它“如画”，或者说它“入画”，这等于说它差不多是美术家的创作。高大的树不一定都“如画”“入画”，可是可以修剪，从审美观点来斟酌。一般大树不比那些灌木和果树，经过人工修剪的不多，风吹断了枝，虫蛀坏了干，倒是常有的事，那是自然的修剪，未必合乎审美观点。我的意思，风景区的大树得请美术家鉴定，哪些不用修剪，哪些应该修剪。凡是应该修剪的，动手的时候要遵从美术家的指点，唯有美术家才能就树的本身看，就树跟环境的照应配合看，决定怎么样叫它“如画”“入画”。我把这个意思写在这里，希望风景区的管理机关考虑，也希望美术家注意。我总觉得美术家为满足人民文化生活的要求，不但要在画幅上用功，还得扩大范围，对生活环境的布置安排也费一份心思，加入一份劳力，让环境跟画幅上的创作同样地美——这里说的修剪大树就是其中一个项目。

（1954 年 12 月 18 日作）

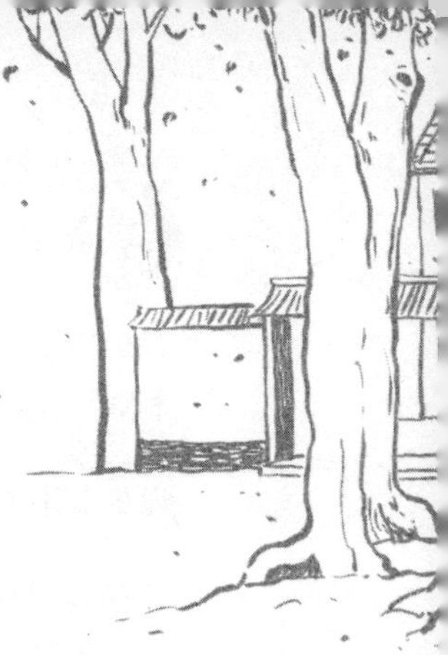

景泰蓝的制作

一天下午，我们去参观北京市手工业公司实验工厂，粗略地看了景泰蓝的制作过程。景泰蓝是多数人喜爱的手工艺品，现在把它的制作过程说一说。

景泰蓝拿红铜做胎，因为红铜富于延展性，容易把它打成预先设计的形式，要接合的地方又容易接合。一个圆盘子是一张红铜片打成的，把红铜片放在铁砧上尽打尽打，盘底就洼了下去。一个比较大的花瓶的胎分作几截，大概瓶口、瓶颈的部分一截，瓶腹鼓出的部分一截，瓶腹以下又是一截。每一截原来都是一张红铜片。把红铜片圈起来，两边重叠，用铁椎尽打，两边就接合起来了。要圆筒的哪一部分扩大，就打哪一部分，直到符合设计的意图为止。于是让三截接合起来，成为整个的花瓶。瓶底可以焊上去，也可以把瓶腹以下的一截打成盘子的形状，那就有了底，不用另外焊了。瓶底下面的座子，瓶口上的宽边，全是焊上去的。至于方形或是长方形的东西，像果盒、烟卷盒之类，盒身和盖子都用一张红铜片折成，只要把该接合的转角接合一下就是，也不用细说了。

制胎的工作其实就是铜器作的工作，各处城市大都有这种铜器作，重庆还有一条街叫打铜街。不过铜器作打成一件器物就完事，在景泰蓝的作场里，这只是个开头，还有好多繁复的工作在后头呢。

第二步工作叫掐丝，就是拿扁铜丝（横断面是长方形的）粘在铜胎表面上。这是一种非常精细的工作。掐丝工人心里有谱，不用在铜胎上打稿，就能自由自在地粘成图画。譬如粘一棵柳树吧，干和枝的每条线条该多长，该怎么弯曲，他们能把铜丝恰如其分地剪好曲好，然后用钳子夹着，在极稠的白芨浆里蘸一下，粘到铜胎上去。柳树的每个枝子上长着好些叶子，每片叶子两笔，像一个左括号和一个右括号，那太细小了，可是他们也要细磨细琢地粘上去。他们简直是在刺绣，不过是绣在铜胎上而不是绣在缎子上，用的是铜丝而不是丝线、绒线。

他们能自由地在铜胎上粘成山水、花鸟、人物种种图画，当然也能按照美术家的设计图样工作。反正他们对于铜丝好像画家对于笔下的线条，可以随意驱遣，到处合适。美术家和掐丝工人的合作，使景泰蓝器物推陈出新，博得多方面人士的爱好。

粘在铜胎上的图画全是线条画，而且一般是繁笔，没有疏疏朗朗只用少数几笔的。这里头有道理可说。景泰蓝要涂上色料，铜丝粘在上面，涂色料就有了界限。譬如柳条上的每片叶子由两条铜丝构成，绿色料就可以填在两条铜丝中间，不至于溢出来。其次，景泰蓝内里是铜胎，表面是涂上的色料，铜胎和色料，膨胀率不相同。要是色料的面积占得宽，烧过以后冷却的时候就会裂。还有，一件器物的表面要经过几道打磨的手续，打磨的时候着力重，容易使色料剥落。现在在表面粘上繁笔的铜丝图画，实际上就是把表面分成无数小块，小块面积小，无论热胀冷缩都比较细微，又比较禁得起外力，因而就不至于破裂、剥落。通常谈文艺有一句话，叫内容决定形式。咱们在这儿套用一下，是制作方法和物理决定了景泰蓝掐丝的形式。咱们看见有些景泰蓝上画的图案画，在图案画以外，或是红的，或是蓝的，只要占的面积相当宽，那里就嵌几条曲成图案形的铜丝。为什么一色中间还要嵌铜丝呢？无非使较宽的表面分成小块罢了。

粘满了铜丝的铜胎是一件值得惊奇的东西。且不说自在画怎么生动美妙，图案画怎么工整细致，单想想那么多密密麻麻的铜丝没有一条不是专心一志粘上去的，粘上去以前还得费尽心思把它曲成最适当的笔画，那是多么大的工夫！一个二尺半高的花瓶，掐丝就要花四五十个工。咱们的手工艺品往往费大工夫——刺绣、刻丝、象牙雕刻，全都在细密上显能耐。掐丝跟这些工作比起来，可以说不相上下，半斤八两。

刚才说铜丝是蘸了白芨浆粘在铜胎上的，白芨浆虽然稠，却经不住烧，用火一烧就成了灰，铜丝就全都落下来了，所以还得焊。先在粘满了铜丝的铜胎上喷水，然后拿银粉、铜粉、硼砂三种东西拌和，均匀地筛在上边，放到火里一烧，白芨成了灰，铜丝就牢牢地焊在铜胎上了。

随后就是放到稀硫酸里煮一下，再用清水洗。洗过以后，表面的氧化物和其他脏东西都去掉了，涂上的色料才可以紧贴着红铜，制成品才可以结实。

于是轮到涂色料的工作了，他们管这个工作叫点蓝。涂上的色料有好些种，不只是一种蓝色料，为什么单叫点蓝呢？原来这种制作方法开头的时候多用蓝色料，当时叫点蓝，就此叫开了。（我们苏州管银器上涂色料叫发蓝，大概是同样的理由。）这种制品从明朝景泰年间十五世纪中叶开始流行，因而总名叫景泰蓝。

用的色料就是制颜色玻璃的原料，跟涂在瓷器表面的釉料相类。我们在作场里看见的是一块块不整齐的硬片，从山东博山运来的。这里头基本质料是硼砂、硝石和碱，因所含的金属矿质不同，颜色也就各异。大概含铁的作褐色，含铀的作黄色，含铬的作绿色，含锌的作白色，含铜的作蓝色，含金含硒的作红色……

他们把那些硬片放在铁臼里捣碎研细，筛成细末应用。细末里头不免掺和着铁臼上磨下来的铁屑，他们利用吸铁石除掉它。要是吸得不干净，就会影响制成品的光彩。看来研磨色料的方法得讲求改良。

各种色料的细末都盛在碟子里，和着水，像画家的画桌上一样，五颜六色的碟子一大堆。点蓝工人用挖耳似的家伙舀着色料，填到铜丝界成的各种形式的小格子里。大概是熟极了的缘故，不用看什么图样，自然知道哪个格子里该填哪种色料。湿的色料填在格子里，比铜丝高一些。整个表面填满了，等它干燥以后，就拿去烧。一烧就低了下去，于是再填，原来红色的地方还是填红色料，原来绿色的地方还是填绿色料。要填到第三回，烧过以后，色料才跟铜丝差不多高低。

现在该说烧的工作了。涂色料的工作既然叫点蓝，不用说，烧的工作当然叫烧蓝。一个烧得挺旺的炉子，燃料用煤，炉膛比较深，周围不至于碰着等着烧的铜胎。烧蓝工人把涂好色料的铜胎放在铁架子上，拿着铁架子的弯柄，小心地把它送到炉膛里去。只要几分钟工夫，提起铁架子来，就看见铜胎全体通红，红得发亮，像烧得正旺的煤。可是不大工夫红亮就退了，涂上的色料渐渐显出它的本色，红是红，绿是绿的。

涂了三回烧了三回以后，就是打磨的工作了。先用金刚砂石水磨，目的在使成品的表面平整。所谓平整，一是铜丝跟涂上的色料一样高低，二是色料本身也不许有一点儿高高洼洼。磨过以后又烧一回，再用磨刀石水磨。最后用椴木炭水磨，目的在使成品的表面光润。椴木木质匀净，用它的炭来水磨，成品的表面不起丝毫纹路，越磨越显得鲜明光滑。旁的木炭都不成。

椴木炭磨过，看来晶莹灿烂，没有一点儿缺憾，成一件精制品了，可是全部工作还没完，还得镀金。金镀在全部铜丝上，方法用电镀。镀了金，铜丝就不会生锈了。

全部工作是手工，只有待打磨的成品套在转轮上，转轮由马达带动的皮带转动，算是借一点儿机械力。可是拿着蘸水的木炭、磨刀石挨着转动的成品，跟它摩擦，还得靠打磨工人的两只手。起瓜楞的花瓶就不能套在转轮上打磨，因为表面有高有低，洼下去的地方磨不着，那非纯用手工打磨不可。

（1955 年 3 月 22 日作）

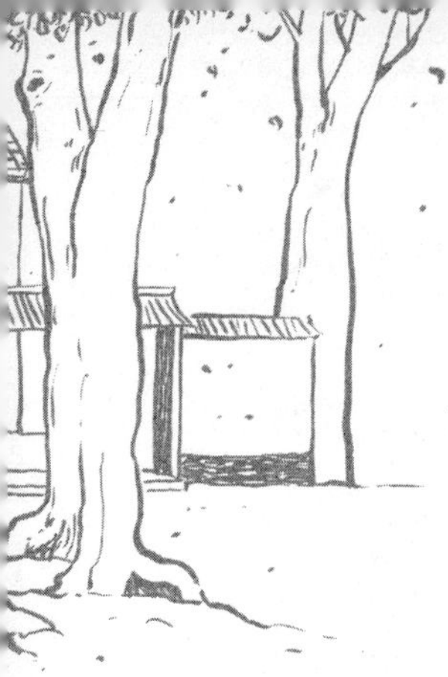

黄山三天

我游黄山只有三天，真用得上“窥豹一斑”那个成语。可是我还是要写这篇简略的游记，目的在劝人家去游。有心研究植物的可以去。我虽然说不清楚，可是知道那儿植物种类一定很多。山高将近两千公尺，从下层到最高处该可以把植物分成几个主要的族类来研究。研究地质矿石的也可以去。谁要是喜欢爬山翻岭，锻炼体力和意志，那么黄山真是个理想的地方。那么多的山峰尽够你爬的，有几处相当险，需要你付出十二分的小心，满身的大汗。可是你也随时得到报酬，站在一个新的地点，先前见过的那些山峰又有新的姿态了。就说不为以上说的那些目的，光到那里去看看大自然，山啊，云啊，树木啊，流泉啊，也可以开开眼界，宽宽胸襟，未尝没有好处。

从杭州依杭徽公路到黄山大约三百公里。公共汽车可以到

黄山南边脚下的汤口，小包车可以再上去一点儿，到温泉。温泉那里有旅馆。山上靠北边的狮子林[①]那里也有旅馆。山上中

①此处指的是黄山狮子林，是一片昂然翘首的松林，因位于狮子峰南侧而得名。

部偏南的文殊院原来可以留宿，1952年烧毁了，现在就文殊院原址建筑旅馆，年内可以完工。住狮子林便于游黄山的北部和西部，住文殊院便于游中部，主要是天都峰和莲花峰。

上山下山的路上全都铺石级，宽的五六尺，窄的不到三尺。路在裸露的大石上通过，就凿石成级。大石面要是斜度大，凿成的石级就非常陡，旁边或者装一道石栏或者拦一条铁索。山泉时时渗出，石上潮湿，路旁边又往往是直下绝壁，这样的防备是必要的。

现在约略说一说我们所到的几处地方。写游记最难叫读者弄清楚位置和方向，前啊，后啊，左啊，右啊，说上一大堆，读者还是捉摸不定。我想把它说清楚，恐怕未必真能办到。我们所到的地点，温泉最南，狮子林最北，这两处几乎正直。我们走的东路，先到温泉东边的苦竹溪，在那里上山。一路取西北方向，好比是直角三角形的一条弦，经过九龙瀑、云谷寺，最后到狮子林住宿，那里的高度大约一千七百公尺。这段路据说是三十多里。第二天下了一天的雨，旅馆楼窗外一片白茫茫，什么都看不见。台阶前几棵松树，有时只显出朦胧的影子，有时也完全看不见。偶尔开门，雾气就卷进屋来。当然没法游览了，只好守在小楼上听雨。第三天放晴，我们登了狮子林背面的清凉台，又登了狮子林偏东南的始信峰，然后大体上向南走，到了光明顶。在这两三个钟点内，我们饱看了“云海”。有些游客在山上守了好几天，要看“云海”，终于没看成，怏怏而下。我们不存一定要看到的想头，却碰巧看到了。在光明顶南望天都峰和莲花峰，天都在东，莲花在西，两峰之间就是文殊院。从前有人说天都最高，有人说莲花最高，据说最近实测，光明顶最高。那里正在建筑房屋，准备测量气象的人员在那里经常工作。我们绕过莲花峰的西半边到文殊院，又绕过天都峰的西南脚，一路而下，回到温泉。说绕过，可见这段路的方向时时改变，可是大体上还是向南。从狮子林曲折向南，回到温泉，据说也是三十多里。我们所到的只是黄山东半边靠南的部分，整个黄山究竟有多大，我没有参考什么图籍，说不上。

以下就前一节提到的分别记一点儿。

九龙瀑曲折而下，共九截，第二截最长。形式很有致，可惜瘦些。山泉大的时候，应该更可观。附带说一说人字瀑。人字瀑在温泉旅馆那儿。高处山泉流到大石壁的顶部，分为左右两道，沿着石壁的边缘泻下，约略像个人字。也嫌瘦，瘦了就减少了瀑布的意味。

云谷寺没有寺了，只留寺基。台阶前有一棵异萝松，说是树上长着两种不同形状的叶子。我们仔细察看，只见一枝上长着长圆形的小叶子，跟绝大部分的叶子不同。就绝大部分的叶子形状和翠绿色看来，那该是柏树，不知道为什么叫它松。年纪总有几百岁了。

清凉台和始信峰的顶部都是稍微向外突出的悬崖，下边是树木茂密的深壑。站脚处很窄，只能容七八个人，要不是有石栏杆，站在那儿不免要心慌。如果风力猛，恐怕也不容易站稳。文殊院前边的文殊台宽阔些，可是靠南突出的东西两块大石，顶部凿平，留着边缘作自然的栏杆，那地位更窄了，只能容两三个人。光明顶虽是黄山最高处，却比较开阔平坦，到那里就像在平地上走一样。

我们就在前边说的几处地方看“云海”。望出去全是云，大体上可以说铺平，可是分别开来看，这边荡漾着又细又缓的波纹，那边却涌起汹涌澎湃的浪头，千姿百态，尽够你作种种想象。所有的山全没在云底下，只有几座高峰露顶，作暗绿色，暗到几乎黑，那自然可以想象作海上的小岛。

在光明顶看天都峰和莲花峰，因为是平视，看得最清楚。就岩石的纹理看，用中国画的术语就是就岩石的皴法看，这两个峰显然不同。天都峰几乎全都是垂直线条，所有线条排得相当密，引起我们一种高耸挺拔的感觉。莲花峰的岩石大略成莲花瓣的形状，一瓣瓣堆叠得相当整齐，就整个峰看，我们能想象到一朵初开的莲花。莲花峰这个名称不知道是谁给取的，居然形容得那么切当。

前边说我们绕过莲花峰的西半边到文殊院，这条路很不容易走。道上要经过鳌鱼背。鳌鱼背是巨大的岩石，中部高起，坡度相当大。凿在岩石上的石级又陡又窄，右手边望下去是绝壁。下了鳌鱼背穿过鳌鱼洞，那是个天然的洞，从前人修山路就从洞里通过去。出了洞还得爬上百步云梯，又是很陡很险的石级。这才到达文殊院。

从文殊院绕过天都峰的西南脚，这条路也不容易走。极窄的路介于石壁之间，石壁渗水，石级潮湿，立脚不稳就会滑倒。有几处石壁倾斜，跟对面的石壁构成个不完整的山洞，几乎碰着我们的头顶，我们就非弓着身子走不可。

走完了这段路，我们抬头望爬上天都峰的路，陡极了，大部分有铁链条做栏杆。我们本来不准备上去，望望也够了。据说将要到峰顶的时候有一段路叫鲫鱼背，那是很窄的一段山脊，只容一个人过，两边都没依傍，地势又那么高，心脏不强健的人是绝不敢过的。一阵雾气浮过，顶峰完全显露，我们望见了鲫鱼背，那里也有铁链条。我想，既然有铁链条，大概我也能过去。

我们也没上莲花峰。听说登莲花峰顶要穿过几个洞，像穿过藕孔似的。山峰既然比作莲花，山洞自然联想到藕孔了。

现在说一说温泉。我到过的温泉不多，只有福州、重庆、临潼几处。那几处都有硫磺味。黄山的温泉却没有。就温度说，比那几处都高些，可也并不是热得叫人不敢下去。池子是小石粒铺底，起沙滤作用，因而水经常澄清。坐在池子里的石块上，全身浸在水里，只露出个脑袋，伸伸胳膊，擦擦胸脯，温热的感觉遍布全身，舒畅极了。这个温泉的温度据说自然能调节，天热的时候凉些，天凉的时候热些。我想这或许是由于人的感觉，泉水的温度跟大气的温度相比，就见得凉些热些了。这个猜想对不对，不敢断定。

我们在狮子林宿两宵，都盖两条被。听雨那一天留心看寒暑表，清早是华氏[①]六十度，后来升到六十二度。那一天是八月二十九日。三十一日回到杭州，西湖边是八十六度。黄山上半部每年三月底四月初还可能下雪，十一月间就让冰雪封了。最适宜上去游览的当然是夏季。

（1955年9月5日作）

①即华氏度，一种温度计量单位。华氏度（°F）=32+摄氏度（°C）×1.8。

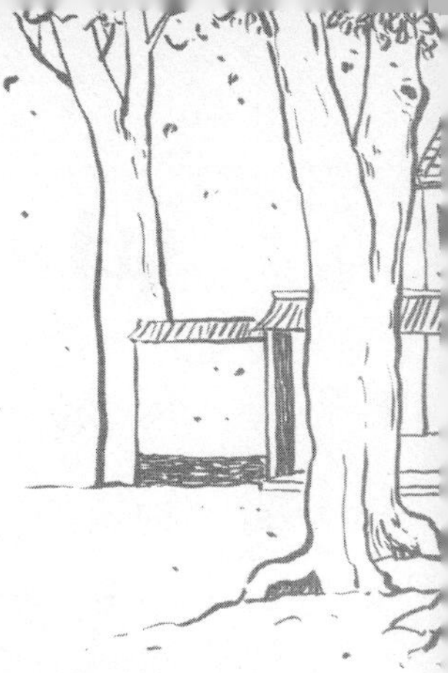

一个少年的笔记

爬山虎的脚

学校操场北边墙上满是爬山虎。我家也有爬山虎，从小院的西墙爬上去，在房顶上占了一大片地方。

爬山虎刚长出来的叶子是嫩红色。不几天叶子长大，就变成嫩绿色。爬山虎在十月以前老是长茎长叶子。新叶子很小，嫩红色不几天就变绿，不大引人注意。引人注意的是长大的叶子。那些叶子绿得那么新鲜，看着非常舒服。那些叶子铺在墙上那么均匀，没有重叠起来的，也不留一点儿空隙。叶尖儿一顺儿朝下，齐齐整整的，一阵风拂过，一墙的叶子就漾起波纹，好看得很。

以前我只知道这种植物叫爬山虎，可不知道它怎么能爬。

今年我注意了，原来爬山虎是有脚的。植物学上大概有另外的名字。动物才有脚，植物怎么会长脚呢？可是用处跟脚一个样，管它叫脚想也无妨。

爬山虎的脚长在茎上。茎上长叶柄儿的地方，反面伸出枝状的六七根细丝，每根细丝头上长个小圆球儿。细丝和小圆球儿跟新叶子一样，也是嫩红色。这就是爬山虎的脚。

爬山虎的脚触着墙的时候，小圆球儿就成了一个小吸盘。六七个圆圆的小吸盘就巴住了墙，枝状的细丝原先是直的，现在弯曲了，把爬山虎的嫩茎拉一把，使它紧贴在墙上。爬山虎就是这样一脚一脚地往上爬。如果你仔细看那些细小的脚，你会想起图画上蛟龙的爪子。

爬山虎的脚要是没触着墙，不几天就萎了，后来连痕迹也没有了。触着墙的，细丝和小吸盘逐渐变成灰色。不要瞧不起那些灰色的脚，那些脚巴在墙上相当牢固，要是你的手指不费一点儿劲儿，休想拉下爬山虎的一根茎。

（1956 年 10 月 13 日作）

诗的材料

今天清早进公园，闻到一阵清香，就往荷花池边跑。荷花已经开了不少了。荷叶挨挨挤挤的，像一个个大圆盘，碧绿的面，淡绿的底。白荷花在这些大圆盘之间冒出来：有的才展开两三片花瓣儿；有的花瓣儿全都展开了，露出嫩黄色的小莲蓬；有的还是花骨朵儿，看起来饱胀得马上要破裂似的。

这么多的白荷花，有姿态完全相同的吗？没有，一朵有一朵的姿势。看看这一朵，很美，看看那一朵，也很美，都可以画写生画。我家隔壁张家挂着四条齐白石先生的画，全是荷花，墨笔画的。我数过，四条总共画了十五朵，朵朵不一样，朵朵都好看。如果把眼前这一池的荷叶荷花看作一大幅活的画，那画家的本领比齐白石先生更大了。那画家是谁呢……

我忽然觉得自己仿佛就是一朵荷花。一身雪白的衣裳，透着清香。阳光照着我，我解开衣裳，敞着胸膛，舒坦极了。一阵风吹来，我就迎风歌唱，雪白的衣裳随风飘动。不光是我一朵，一池的荷花都在舞蹈呢。这不就像电影《天鹅湖》里许多天鹅一齐舞蹈的场面吗？风过了，我停止舞蹈，静静地站在那儿。蜻蜓飞过来，告诉我清早飞行的快乐。小鱼在下边游过，告诉我昨晚做的好梦……

周行、李平他们在池对岸喊我，我才记起我是我，我不是荷花。

忽然觉得自己仿佛是另外一种东西，这种情形以前也有过。有一天早上，在学校里看牵牛花，朵朵都有饭碗大，那紫色鲜明极了，镶上一道白边儿，更显得好看。我看得出了神，觉得自己仿佛就是一朵牵牛花，朝着可爱的阳光，仰起圆圆的笑脸。还有一回，在公园里看金鱼，看得出了神，觉得自己仿佛就是一条金鱼。胸鳍像小扇儿，轻轻地扇着，大尾巴比绸子还要柔软，慢慢地摆动。水里没有一点儿声音，静极了，静极了……

我觉得这种情形是诗的材料，可以拿来作诗。作诗，我要试试看——当然还要好好地想。

（1956 年 11 月发表）

三棵老银杏

舅妈带表哥进城，要在我家住三天。今天早晨，我跟表哥聊天，谈起我想作诗，谈起我认为可以作诗的材料。我说：

“要是问我什么叫诗，我一点儿也说不上来。可是我要试作诗。作成以后，看它像诗不像诗。”

表哥高兴地说：“你也这么想，真是不约而同。这几天我也在想呢。诗不一定要诗人作，咱们学生也不妨试作。不懂得什么叫诗，没关系，作几回就懂得了。我已经动手作了，还没完成，只作了四行。要不要念给你听听？”

我说：“我要听，你念吧。”

表哥就念了：

村子里三棵老银杏，
年纪比我爷爷的爷爷还大。
我没见过爷爷的爷爷，
只看见老银杏年年发新芽。

我问：“你说的是娘娘庙里的那三棵？”

表哥说：“除了那三棵，还有哪三棵？”

我问：“年纪比外公的爷爷还大，多大岁数呢？”

表哥说：“我也说不清楚。只听我爷爷说，他爷爷小时候，那三棵银杏已经是大树了，他爷爷还常常跟小朋友拿叶子当小扇子玩呢。”

我问：“那三棵老银杏怎么样？你的诗预备怎么样作下去呢？”

表哥说：“还没想停当呢，不妨给你说一说大意。我的诗不光是说那三棵老银杏。”

我问：“还要说些什么呢？”

表哥说：“我们村子里种了千把棵小树，你是看见了的，村子四周围，家家的门前和院子里，差不多全种遍了。那些小树长得真快，去年清明节前后种的，到现在才十几个月，都高过房檐七八尺了。再过三四年，我们那村子会成什么景象，想也想得出。除了深秋和冬天，整个村子就是个密密层层的树林子，房子全藏在里头。晴朗的日子，村子里随时随地都有树荫，就是射下来的阳光，也像带点儿绿色似的，叫人感觉舒畅。”

我想着些什么，正要开口，表哥拍拍我的肩膀抢着说：“不光是我们那村子，人家别的村子也像我们村子一样，去年都种了许多树呢。你想想看，三四年以后，人在道上走，只见近处远处，这边那边，一个个全是密密层层的树林子，怎么认得清哪个是哪村？”

我说："尽管一个个村子都成树林子，我一望就能认出你们集庆村，保证错不了。你们村子有特别的标记，老高的三棵银杏树。"

表哥又重重地拍一下我的肩膀，笑着说："你说的正是我的意思！所以我的诗一开头就说三棵老银杏。"

（1956 年 11 月发表）

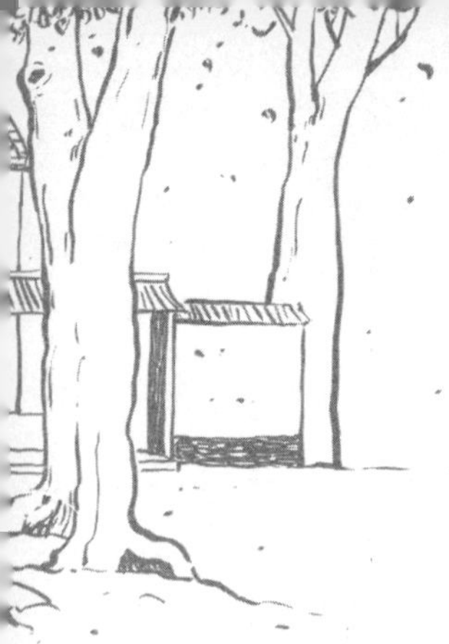

记金华的两个岩洞

今年四月十四日，我在浙江金华，游北山的两个岩洞，双龙洞和冰壶洞。洞有三个，最高的一个叫朝真洞，洞中泉流跟冰壶、双龙上下相贯通，我因为足力不济，没有到。

出金华城大约五公里到罗店，那里的农业社兼种花，种的是茉莉、白兰、珠兰之类，跟我们苏州虎丘一带相类，但是种花的规模不及虎丘大。又种佛手，那是虎丘所没有的。据说佛手要那里的土培植，要双龙泉水灌溉，才长得好，如果移到别处，结成的佛手就像拳头那么一个，没有长长的指头，不成其为“手”了。

过了罗店就渐渐入山。公路盘曲而上，工人正在填石培土，为巩固路面加工。山上几乎开满映山红，比较盆栽的杜鹃，无论花朵和叶子，都显得特别有精神。油桐也正开花，这儿一丛，那儿一簇，很不少。我起初以为是梨花，后来认叶子，才知道不是。丛山之中有几脉，山上砂土作粉红色，在他处似乎没有见过。粉红色的山，各色的映山红，再加上或深或淡的新绿，眼前一片明艳。

一路迎着溪流。随着山势，溪流时而宽，时而窄，时而缓，时而急，溪声也时时变换调子。入山大约五公里就到双龙洞口，那溪流就是从洞里出来的。

在洞口抬头望，山相当高，突兀森郁，很有气势。洞口像桥洞似的作穹形，很宽。走进去，仿佛到了个大会堂，周围是石壁，头上是高高的石顶，在那里聚集一千或是八百人开个会，一定不觉得拥挤。泉水靠着洞口的右边往外流。这是外洞，因为那边还有个洞口，洞中光线明亮。

在外洞找泉水的来路，原来从靠左边的石壁下方的孔隙流出。虽说是孔隙，可也容得下一只小船进出。怎样小的小船呢？两个人并排仰卧，刚合适，再没法容第三个人，是这样小的小船。船两头都系着绳子，管理处的工友先进内洞，在里边拉绳子，船就进去，在外洞的工友拉另一头的绳子，船就出来。我怀着好奇的心情独个儿仰卧在小船里，遵照人家的嘱咐，自以为从后脑到肩背，到臀部，到脚跟，没一处不贴着船底了，才说一声“行了”，船就慢慢移动。眼前昏暗了，可是还能感觉左右和上方的山石似乎都在朝我挤压过来。我又感觉要是把头稍微抬起一点儿，准会撞破了额角，擦伤了鼻子。大约行了二三丈的水程吧（实在也说不准确），就登陆了，那就到了内洞。要不是工友提着汽油灯，内洞真是一团漆黑，什么都看不见。即使有了汽油灯，也只能照见小小的一搭地方，余外全是昏暗，不知道有多么宽广。工友以导游者的身份，高高举起汽油灯，逐一指点内洞的景物。首先当然是蜿蜒在洞顶的双龙，一条黄龙，一条青龙。我顺着他的指点看，有点儿像。其次是些石钟乳和石笋，这是什么，那是什么，大都依据形状想象成仙家、动物以及宫室、器用，名目有四十多。这是各处岩洞的通例，凡是岩洞都有相类的名目。我不感兴趣，虽然听了，一个也没有记住。

有岩洞的山大多是石灰岩。石灰岩经地下水长时期的浸蚀，形成岩洞。地下水含有碳酸，石灰岩是碳酸钙，碳酸钙遇着水里的碳酸，就成酸性碳酸钙。酸性碳酸钙是溶解于水的，这是岩洞形成和逐渐扩大的缘故。水渐渐干的时候，其中碳酸分解成水和二氧化碳气跑走，剩下的又是固体的碳酸钙。从洞顶下垂，凝成固体的，就是石钟乳；点滴积累，凝结在洞底的，就是石笋，道理是一样的。唯其如此，凝成的形状变化多端，再加上颜色各异，即使不比作什么什么，也就值得观赏。

在洞里走了一转，觉得内洞比外洞大得多，大概有十来进房子那么大。泉水靠着右边缓缓地流，声音轻轻的。上源在深黑的石洞里。

查《徐霞客游记》，霞客在崇祯九年（1636年）10月初10日游三洞。郁达夫也到过，查他的游记，是1933年11月12日。达夫游记说内洞石壁上“唐宋人的题名石刻很多，我所见到的，以庆历四年的刻石为最古……清人题壁，则自乾隆以后绝对没有了，盖因这里洞，自那时候起，为泥沙淤塞了的缘故”。达夫去的时候，北山才经整理，旧洞新辟。到现在又是二十多年了，最近北山再经整理，公路修起来了，休憩茶饭的所在布置起来了，外洞内洞收拾得干干净净。我去的那一天是星期日，游人很不少，工人、农民、干部、学生都有，外洞内洞闹哄哄的，要上小船得排队等候好一会儿。这种景象，莫说徐霞客，假如达夫还在人世，也一定会说二十年前绝想不到。

我排队等候，又仰卧在小船里，出了洞。在外洞前边休息了一会儿，就往冰壶洞。根据刚才的经验，知道洞里潮湿，穿布鞋非但容易湿透，而且把不稳脚，我就买了一双草鞋，套在布鞋上。

从双龙洞到冰壶洞有石级。平时没有锻炼，爬了三五十级就气呼呼的，两条腿一步重一步了，两旁的树木山石也无心看了。爬爬歇歇直到冰壶洞口，也没有数一共多少级，大概有三四百级吧。洞口不过小县城的城门那么大，进了洞就得往下走。沿着石壁凿成石级，一边架设木栏杆以防跌下去，跌下去可真不是玩儿的。工友提着汽油灯在前边引导，我留心脚下，踩稳一脚再挪动一脚，觉得往下走也不比向上爬轻松。

忽然听见水声了，再往下没有多少步，声音就非常大，好像整个洞里充满了轰轰的声音，真有逼人的气势。就看见一挂瀑布从石隙吐出来，吐出来的地方石势突出，所以瀑布全部悬空，上狭下宽，高大约十丈。身在一个不知道多么大的岩洞里，凭汽油灯的光平视这飞珠溅玉的形象，耳朵里只听见它的轰轰，脸上手上一阵阵地沾着飞来的细水滴，这是平生从未经历的境界，当时的感受实在难以描述。

再往下走几十级，瀑布就在我们上头，要抬头看了。这时候看见一幅奇景，好像天蒙蒙亮的晨光正下急雨，千万支银箭直射而下，天边还留着几点残星。这个比拟是工友说给我听的，听了他说的，抬头看瀑布，越看越有意味。这个比拟比较把石钟乳比作狮子和象之类，意境高得多了。

在那个位置上仰望，瀑布正承着洞口射进来的光，所以不须照灯，通体雪亮。所谓残星，其实是白色石钟乳的反光。

这个瀑布不像一般瀑布，底下没有潭，落到洞底就成伏流，是双龙洞泉水的上源。

现在把徐霞客记冰壶洞的文句抄在这里，以供参证。

> 洞门仰如张吻。先投杖垂炬而下，滚滚不见其底。乃攀隙倚空入。忽闻水声轰轰，秉炬从之，则洞之中央，一瀑从空下坠，冰花玉屑，从黑暗处耀成洁彩。水穴石中，莫稔所去。乃依炬四穷，其深陷逾朝真，而屈曲少逊。

（1957 年 10 月 25 日作）

悼剑三

上月三十日傍晚，人民日报社的同志打电话给我，说王统照先生病故了，我听了异常怅惘。今年人代大会开第四次会议，剑三（我们一班朋友习惯称王先生的字）一到北京就旧病复发，入北京医院治疗。他托人送来一本题字的册子，要好些老朋友在上面写些什么，留作纪念。我写了一首旧作的诗，就把册子转给振铎先生。当时老想去探望他，始终没去成，现在是后悔也来不及了。

将近四十年的交情，虽然叙首的时候不多，可是彼此相知以心。好几年不见一回面，不通一回信，都无所谓，只是相互相信，你也有所为，有所不为，我也有所为，有所不为，这就尽够了。待见面或者通信的时候，谈这么两三个钟头，写这么两三张信笺，又证实了彼此的相信，于是欢喜超乎寻常，各自以为尝到了友情的最好的味道。是这样的一位朋友，现在他去了，永远不回来了，再不能跟他通消息了，哪得不异常怅惘?

用抽象的词语说，剑三朴实，诚挚，向往光明，严明爱憎，解放以后热爱新社会，尽力他所担任的工作，个已方面无所求，所求的只在群众的福利和社会的繁荣。我不说他改造已经到了家，达到了脱胎换骨的境界，只说他从旧教养中得来的积极因素保持得相当多，为已为私的习染非常少，六十岁的年纪也不算大，要是体质强健些，能够多活十年八年，那么他是不难达到新社会所要求于知识分子的标准的。一九五四年的秋季，我在上海遇见他，他到上海为的是华东戏剧会演，几乎是抱病而往。看戏，参加讨论，他都不肯放松。看他气喘吁吁的，走十几级扶梯也觉得吃力，劝他多多休息，他可说会演的事儿很重要，既然来上海，就不能随便。即此一端，可以推见其他。他在山东担任好些工作，工作情况我不详细，我想山东的朋友一定有好些可以说的。

抗战以前，他到苏州看我，一块儿去游太湖里的洞庭东山洞庭西山。一九五五年深秋，我又到太湖，东西两山完全变了样。果农渔民绝大多数参加了合作社，果农不但高高兴兴称说合作对于果树业的种种好处，还提出提高产量改良品种的要求和办法。渔民向来是以舟为家，没有陆居的份儿的，现在可有了几年内全部登陆的打算。我当时想，要是跟剑三一块儿来，共同谈谈今昔的不同，那多有意思啊！这个期望，现在是永远不能实现了，我异常怅惘！

剑三写成长篇小说《山雨》，我读他的原稿，又为他料理出版方面的工作。近年来他对我说，他还想从事创作，想就近几十年的历史事件取题材。我当然怂恿他，我说在今天看近几十年的历史事件，总会跟前一二十年那时候看有所不同，总会比那时候看得正确些，而今天的青少年也确实需要知道近几十年的历史事件。他说只望身体好些，就抽空动笔。现在他永远不会动笔了，我异常怅惘！

今年他不能出席人代大会会议，还勉力在病床上写成书面发言稿，分发给全体代表。发言稿中有以下的话：

> 八年来我在山东可说几乎天天与党员同志们接触，开会，办事，研究问题，互提意见，自信这其间并无什么隔阂，而且我也学习了不少东西。我对同志们亦不敷衍，对付，该说的说，该做的做，只要为了群众的利益，工作上的改进，这里何须客气，又何有党内外的分别。

话虽简略，已够见出他的朴实和诚挚，他的爱党爱人民的精神。我们悼念逝者，一方面也在激励生者，我把剑三的话抄在这里，无非要让大家知道剑三是这样的一个人。

（1957 年 12 月 2 日作）

登赐儿山

赐儿山距离张家口市区三里光景。据市文化局所编的《名胜古迹》，这座山海拔一千零五公尺，山上有云泉寺，始建于明朝洪武二十六年（公元1393年）。随着山势，高高低低建筑好些殿宇，都不怎么大，石级小道曲折可通。多数殿宇里供奉道教的神像，如果按《封神榜》来指认，该说得清谁是谁。最高的一座殿宇是玉皇殿，就高度说，大约已经超过半山腰。佛教的殿宇，有一座里佛像最多。小小的三间，有塑像，有壁上的画像，三世如来和地藏菩萨在正中，韦驮站在左边，面朝内。我们几个人戏言，他们大概是厉行精简节约，故而大家挤在一块儿。

赐儿山有水洞冰洞，在半山腰石崖下。两个洞真可以说相距咫尺，可是洞里的情形完全不一样。水洞里泉水下滴，积在洞底，据说有两公尺深，寒冬也不冻结。冰洞里泉水结成冰，上面盖着灰沙，望进去好像铺一块平石板，据说炎夏也不融化。相距那么近，而温凉互异，这是什么道理，可惜没有人给我们作解释。两个洞的前边有两棵大柳树，水洞左上方的石隙中伸出一棵大榆树，相传是元榆明柳。树身那么大，历年那么久，毫无衰老意味，枝叶繁茂，叶色葱绿，给人一种青春盛年的印象。那棵大榆树生根在石隙中，得不到多少土，而能欣欣向荣，尤其奇妙。或许是得到泉水的滋润

之故吧。坐在柳荫下，喝水洞里的水沏的茶，其味甘美。张家口市的居民逢到休假的日子，常到这里或是距离市区七里光景的水母宫玩儿。

水洞冰洞果然奇，古老的榆树柳树也值得欣赏，但是在这赐儿山上眺望，还有一种景色叫你欢喜赞叹，想得很远很远。张家口市东北西三面全是山，峰峦重叠，山色越远越淡。我们站在半山腰，远望那些峰峦，全都染上绿色。那绿色是草吗？不是，是近几年来尤其是今年新栽的树。照原来的计划，全都绿化那些峰峦需要三十多年。照今年的规模，可只要三年，就是说，再加两年工夫，就可以做到全部绿化了。某一座山归某机关负责，某一座山归某学校包下来，全都有了着落。眼前已经是山山有绿意，试想两年以后，不将像江南的山一样地郁郁葱葱吗？这是自古以来没有的事，是破天荒的事。那些峰峦耸起在那里，也说不清经历了多少年，在那么悠久的时间里，哪曾跟树木有过缘分？也不必想到远古的人，只从修筑了长城那时候想起，戍守长城的兵士，进出长城的行旅，历代以来不知有多少人，他们中间谁曾见过那些峰峦上染上绿色，像今天我们所见到的？说真的，我感动极了，不待思索，作成如下一首诗：

叠岭重峰自古然，长城亦复二千年。

望中景色空前史，绿树新栽遍万山。

（1958 年 6 月 10 日作）

樱花精神

最近读了四位老友的文章，巴金和刘白羽的登在6月8日《人民日报》第七版，冰心和叶君健的登在《人民文学》六月号。他们都是往日本参加亚非作家会议常设委员会东京紧急会议的，写的是旅中的事。读过几遍，获益不少，欣然命笔，写这一篇“读后感”式的短文。

巴金的《我们永远站在一起》是怀人之作。怀人之作，我国从前的书翰和诗词里相当多。或者追忆旧游，或者叹惜久别，也有以道义文章相砥砺的。但是涉想的范围大多限于个人，一方是作者自己，另一方是所怀念的那个人。巴金的这一篇可不然。他涉想所及不限于他自己，他的笔下闪耀着中国作家、中国人民的心灵的光辉。文章里称名道姓叙述到的日本朋友共有十三人。然而所怀念的岂止这十三人呢？共同的事业，美好的未来，联系着中日双方，如水长流，如山永固，这样的思想交织在字里行间，叫人读过之后，不但引起共鸣，而且跃然振奋，愿意在共同的事业中间投入自己的力量。我想这么说，这篇文章给怀人之作开辟了新的境界，大概不算过誉吧。

我非常羡慕巴金的文笔，那么熟练自如，炉火纯青，并非容易达到的。看来像是随便想起一点儿写一点儿，其实完全不是。作者自己道出了秘密。他说："我并不是一口气写成这篇短文。我只是在思念最深的时刻写下一点怀友的感情。""思念最深的时刻"七个字大可注意。这时刻，那些无关紧要的东西消散了，隐没了，涌现在心头的，尽是些最为精要的活龙活现的东西；把它写下来，当然扎实，当然深至。从这儿可以知道，所谓取材绝非纯属于技术性的事儿，或许竟是不属于技术性的事儿。作者写了两位日本朋友和他自己的眼泪，这眼泪中闪耀着光明美丽的未来的远景，不同于寻常的眼泪。作者写了一位一向寡言笑的日本学者，他谈起中日人民的友谊来却滔滔不绝，他赶来赶去欢迎中国作家代表团，唯恐少享一分"有朋自远方来"之乐。作者写了两位过去是所谓没有倾向的日本作家，近年来他们觉得有许多话要告诉世人，留给后人，就有所为地奋笔写作品，见得日本知识分子跑出象牙塔，跟人民融合在一起，已经是大势所趋，汇为巨流。好了，我不再举例了。总之，写下来的全是“思念最深的时刻”涌现出来的最为精要的东西。思念的波澜化为文章的波澜，那么自然，那么优美，洋溢着中日人民间的深情厚谊。

白羽的文章题作《樱花漫记》，可不是纯写樱花。可以这么说吧，他这篇文章谈日本人民的今天和明天，而以樱花为象征。原以为樱花就要开放，不料来一场挺大的雨雪，“但真正的春天永远属于人民，樱花，这绯红的云霞，便永远属于人民”。雨雪一过去，日本人民陶醉在樱花的海洋里了。樱花那种一发而不可制的活力，迎春风而怒放的精神，跟日本人民的革命精神和革命热情仿佛有相通之点，这个里头蕴蓄着那个，那个里头蕴蓄着这个。这些想法，都含有象征的意味。妙在写樱花跟叙人叙事结合得那么顺适，笔下随处透出卓越的思想和爽朗的感情，叫人亲切地感到烂漫的樱花真是日本人民的骄傲。白羽擅长特写和通讯报道，写得很多，名篇时出，这一篇尤其是这类文章里的白眉。

年轻的日本朋友指点着车窗外的“人民广场”和国会大楼，神采奕奕地，情不自禁地，说着去年二十三次行动的斗争情形。国会门前，手执红旗的请愿的人群尽往上冲，穿黑制服的“仿佛是带弹簧的玩具”似的警察正在阻止他们。高楼上垂下一幅法西斯黑“卐”字旗，电线杆上张贴着红黑二色的“爱国党”的恐吓标语。一边是樱花，一边是雨雪。而真正的日本是樱花，未来的日本将永远属于樱花。

文章里叙及好多位日本人士，叙中野重治和中岛健藏的两段最长，也最为深至。中野重治说：“有些人认为只要是‘新’的东西，只要是外国的东西，便都是好的。而这些人又偏偏同日本的保守势力密切地相联系着。那些接受表面上所谓‘新’事物的人却反对本质上的新事物。”作者说：“本质上的新事物纵然一时不被人接受，但是总有一天一定会被接受的。”简单朴素的心心相印的谈话里，透露出多么犀利的眼力，蕴蓄着多么深湛的哲学啊！中野重治临走时候说：“是的，在新的里程上，我们将会遇到更大的困难，但是更大的困难，只能激起我们更大的勇敢！”这是不折不扣的樱花精神。中岛健藏热爱生活，工作累了，就跑进布置在家里的小工场去修理各种机械。在业余摄影家

中，他是第一个能手。远道客人来了，他乐意抽出半日之闲，陪同客人去观赏公园里的樱花。但是他热爱生活的主要方面是坚韧不拔地站在斗争的前线。在若干斗争中，他不仅是维护者、倡导者，而且身任律师出席法庭，使一切违反真理和正义的东西无地自容。这是不折不扣的樱花精神。作者表达他的印象说："如若说在中野重治那里我感到一个民族的刚强与坚毅，那么，在中岛健藏这里我感到一个民族的深厚与宏大。"这样的民族，会不是丰茂灿烂、岁岁长春的樱花吗？

这是一篇有益的文章，对中日读者都非常有益。

冰心的文章题作《樱花赞》，也不是纯写樱花。她叙入一件跟樱花无关而极有意义的事。出租汽车公司的工人原定在那天早晨八点开始第六次罢工，为了送中国作家代表团上车站，他们开了紧急会议，把八点开始改为九点开始，因此，代表团得以不误预定的活动日程。这可见今天的日本，樱花精神真是无时无地不存在。而司机说的"促进日中人民的友谊，也是斗争的一部分呵！"，并不是那司机个人的想法，而是代表所有罢工工人表达了他们的樱花精神。无怪作者会感觉那天早晨在汽车中看见的沿路的樱花是"从未见过的奇丽的樱花"了。樱花总是樱花，感极思深，景因情异，就见得特别"奇丽"了。

代表团的十一辆汽车在花海里飞驰，没有别的车辆。到了市中心，还是没有别的车辆，汽车行大门敞开，门口插着大面的红旗，工人们站在门旁边，微笑着，目送十一辆汽车经过。这些白描的笔法，传出了罢工的气氛和工人的友情，是“妙手偶得之”的好文章。

君健的《日本杂记》是两则见闻录。一则题作《有料路》，说日本有些公路，汽车开过要付“买路钱”。一则题作《国立公园》，说日本名胜区箱根号称“国立公园”，实则为两个“企业家”所占有，他们想方设法给游客提供“方便”，不仅垄断了箱根，连游客的一切活动也给垄断了。这样的事，说给我国的少年儿童听，一定会不相信。路人人好走，怎么要付“买路钱”呢？既然是“公园”，怎么能让两个“企业家”给垄断呢？这样的事，我们年纪较大的人当然不会不相信，但是觉得很疏远了，倒有点儿“新鲜”了。君健身历其境，大概是感到“新鲜”，才执笔写入他的笔记本吧。

（1961 年 6 月 13 日作）

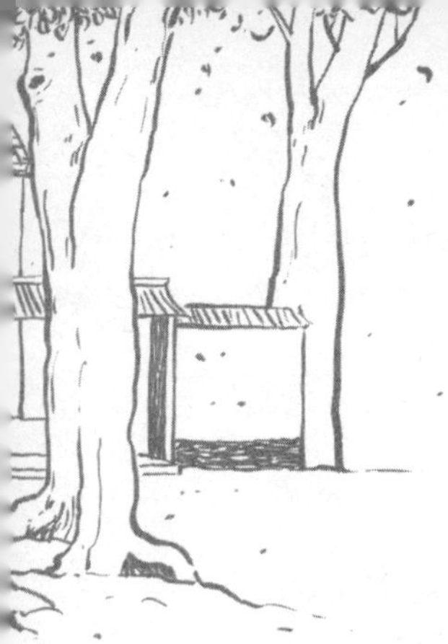

刺绣和缂丝

最近在苏州参观江苏省工艺美术研究所。敞亮的工作室里，著名的金静芬老太太与好些中年妇女和女青年在那里刺绣，大多是赶制“七一”的献礼品。谁都像忘了自己似的，全神贯注在一上一下的针线上，使参观的人不敢轻轻地咳嗽一声，不敢让脚步有一点儿声音。“绷架”上或是大幅，或是小品，大幅几个人合作，小品一个人独绣。花线渐渐填充双钩的底稿，于是一只有神的眼睛出现了，一张娇艳的嫩叶出现了，层叠的峰峦显出了明暗，烂漫的花朵显出了阴阳。

大凡工艺美术的活儿，要是要求不高，竟可以说人人干得来。譬如刻图章，说容易真容易，阴文只要把字的笔画刻掉，阳文只要把字的笔画留着。有些小学生中学生爱找一块图章石买一把刻刀来玩儿，缘由之一就在刻图章这么容易。

但是要讲布局，要讲刀法，要讲整个图章的韵味，就连积年的老手也未必个个图章都能踌躇满志。刺绣这活儿，无非拿花线填充底稿而已，只要针针刺在界限上，线跟线不散开也不重叠，就成了，这还不容易？但是要讲选用花线颜色恰到好处，要讲丝毫不露针线痕迹，要讲整幅绣品站得起来，透出生气和活力，就跟画家画一幅惬心之作一样，是不怎么容易的艺术造诣。有些绣品诚然平常，如演员身上穿的戏衣，如百货店柜台里陈列的椅垫枕套。我看江苏省工艺美术研究所完成的绣品，却几乎幅幅是惬心之作，是不用画笔而用针线画成的好画。在从前，谁绣出这么一两幅，人家就交口赞誉，称为“针神”了。而现在“针神”竟有这么多，静静地坐在那里刺绣的老年中年青年人全都是“针神”！百花齐放的时代啊！她们的成品在好些刺绣车间里是制作的楷模，在展览会和陈列馆里是引人注目的展品，在国际交往间是最受欢迎的礼物，需要那么多，因而经常供不应求。

新创的针法听说有好多种，没仔细打听，说不上来。研究所正在写稿子，总结种种经验，我很盼望早日成书问世，虽然完全隔行，也乐于知其梗概。一句话给我印象很深，说努力的方向在使画面富于立体感。的确，我们看见的旧时的佳绣，工致匀净有余，生动活泼不足，换句话说，就是缺少立体感。要画面富于立体感，就是说，绣品要超过旧时的佳绣，真够得上称为生动活泼的好画。这个方向定得好，见出革新的精神和追求的勇气。而摆在面前的绣品，几乎幅幅是好画，又可见新针法新经验已经起了作用，所谓富于立体感已经在艺术实践中做到了。刺绣固然不是垂绝之艺，可是一代一代传下来，艺术上的发展不怎么大。现在多数人集体钻研，共同实践，有意识地要它发展，发展果然极大，往后精益求精，前途何可限量。这儿我只是就苏绣而言，此外如湘绣广绣，虽然知道得很少，想必跟苏绣一样，近年来艺术上也有大发展，为历来所不及。从刺绣我又联想到同属工艺美术的木刻水印术，十年来的发展多大啊！十年以前，表现北京荣宝斋最高造诣的是《北平笺谱》和《十竹斋笺谱》，到现在，《文苑图》和《夜宴图》的复制品挂在荣宝斋的橱窗里了。要不是亲眼看见，亲耳听说，很难相信从比较简单的笺谱发展到《文苑图》《夜宴图》那样要印几百次才完成的工笔绢画（《夜宴图》现在才复制一段，五段复制齐全，估计要印一千八百次），只有十年工夫。总而言之，各种工艺美术像是结伴合伙似的，赶在最近这十年间都来个大大的发展。这几乎不须列举若干个为什么，套用一句“其故可深长思矣”也就够了。

对于女青年，研究所规定常课，要她们练习绘画，这个措施极有意义。既然要用针线画画，练习用画笔画画自然有很大好处，从这中间通达画理，无论选线运针就都有另外一副眼光了。我知道在那里刺绣的老年中年人，她们年轻的时候没受过这种基本训练。她们从小学刺绣，无非练成个手艺，贴补些家用而已，精不精并非主要考虑的事，偶尔有几个人用力勤，用心专，天分又比较高些，才成为好手。现在不同于她们年轻的时候了，刺绣是工艺美术之一，要学就非精不可，于是注重基本训练，借以保证人人能精。这是现在青年的好运气，也是刺绣艺术的好运气。

研究所里不仅刺绣一门，还有缂丝、象牙雕刻、黄杨浮刻，这几门也是制作兼研究，所以这机关叫作工艺美术研究所。现在光说缂丝。缂丝是始于宋代的一种丝织工艺，宋以来的缂丝佳作，现在在少数几个博物馆里还可以看到。在清代，苏州担负了皇家的织造任务，缂丝就在苏州流传，织工聚集在城北叫陆墓的小镇上，主要织造宫中所用的袍料。近几十年来，干这一行的越来越少了，知道什么叫缂丝的也不太多了，缂丝成为垂绝之艺了。1955 年初冬我到苏州去，那时候刺绣合作社（就是研究所的前身）刚组织起来，就从陆墓请来几位老艺人，让他们传授这个垂绝之艺，其中一位姓沈，七十多了。这一回没见着沈老，听说他还健康。堪喜的是现在不织什么袍料，而是继承着宋以来佳作的传统，织优秀的画幅了。更堪喜的是老一代培养年轻一代，缂丝这一种工艺不仅保存下来，而且将像刺绣一样，老树枝上开出新鲜的花朵。

缂丝是怎么一回事呢？不妨拿刺绣来比较。刺绣是在现成的料子上加工，绣出图画或是文字，缂丝是在织作的时候织出图画或是文字，织料子织花纹一气呵成。缂丝又跟织彩缎文锦不一样。彩缎文锦也是织料子织花纹一气呵成的，因为图案有规则，彩色有限制，依靠纹工的事先安排，各色纬线一梭去一梭来，梭梭都径直穿过。缂丝可不一定织图案，彩色看稿样而定，譬如稿样是一幅花卉，彩色很复杂，每种彩色又有不同程度的深淡，缂丝都得照样织出来。这就不是纹工所能事先安排的了，只能把花卉画的轮廓描在经线上，用小梭子引着深淡不同的各色纬线，看准稿样的彩色一截一截地织，某一梭该三根经线宽就织三根经线，某一梭该五根经线宽就织五根经线。两脚踩着织机的踏板，牵动经线一上一下。一堆小梭子搁在旁边。手里拿个小铁篦挑起几根经线，就捡一个适当的小梭子穿过去，随即用小铁篦轻轻地把织上的纬线贴紧。整幅缂丝就是这样织成的，真是磨细了心思的工作。

我怀着这样一个愿望，把一些工艺美术的制作过程写下来，要写得清楚明白，让不知道的人仿佛亲眼看见了似的。这儿写缂丝，自己觉得未能满足这个愿望。这是了解不透彻、观察不细密的缘故，我很抱愧。

（1961 年 6 月 17 日作）

林区二日记

8月8日立秋，上午十点过，我们在牙克石登火车，往大兴安岭林区。牙克石在大兴安岭西边，我们要去的甘河在大兴安岭东边，相距三百五十公里。先经过草原地带，各种草开各色花，就像是到处飞舞着嬉春的彩蝶。既而两旁有散立的松树和白桦了，有缓缓起伏的冈陵了，冈陵上松树和白桦成林。下午四点光景到陵顶站，看站名就知道这儿是这条线路的最高处。在站上望岭北，满眼是绿，多宽广的林海啊！于是我得到两句诗：“连山林绿真成海，满地花鲜胜似春。”

一路上逢站停车，停车的时候往往交车。开过来的车全装木材，截得长短如一，叠得整整齐齐。在岭顶站就见一列车蜿蜒而上，出没在林海之中，像一条龙。从前人赞美出山的泉水，因为泉水出了山就要去沾溉大地。这些出山的木材啊，要送到全国各地，支援各方各面的基本建设，同样值得赞美。而木材不会像泉水那样自己跑出去，这就该转而赞美伟大的人力了。听牙克石的萨书记说，从第一个五年计划时期到如今，大兴安岭林区已经输出木材二千万立方米。

身到大兴安岭，才发觉平时的想象错了，同行的人差不多都有这个感觉。从一个“岭”字，就想象到秦岭那样岩峦磅礴，长江三峡那样峰岩重叠，哪里知道完全不对，就是站在岭顶上，前瞻后顾，也只见缓缓起伏的绿浪而已。别处山上树木杂，长得参差，又兼有一搭没一搭的，就见得山形勾勒分明。大兴安岭的林木，百分之八十以上是落叶松，长得整齐，而且略无缺处，远远望去，漫山遍野铺着绿色的绒毯，使群山的线条显得那么柔和，几乎难分界划。我作了这样一首诗：

母林绿暗幼林鲜，嫩绿草原相映妍。
间以桦林挺银干，画家着笔费精研。

我想同样是绿，要分明暗老嫩，这不太容易着笔。而明暗老嫩的界划不甚分明，又加一重难处。至于白桦林，我觉得那些银亮的笔直的线条，掺杂在各个不同而又非常融和的

绿色里头，仿佛很调和似的，用画笔来描绘，要是线条生硬一些，选用颜料欠一些斟酌，怕就表现不出那调和的意味，甚至会显得刺目。当然，这只是外行人替画家担忧的想头。

再说落叶松，平时从没想到松里头也有落叶树，总以为松柏联称，凡是松全都是四季青青的。既然落叶，可以想象凉秋而后，整个林区将会变为挺立着亿万株冲天直干的冰雪世界。改换冬装就改得那么彻底。听说落叶松的球果，每颗是三十二个鳞片，每个鳞片有两粒种子。种子长着翅膀，乘风而飞，能达一百米。靠种子的飞翔自然繁殖后代，也不知道经过了多少年岁。可是现在人们采集了种子种在苗圃里，培育成幼苗，再移植到别处去。人工繁殖当然能够称人的心

意，环境安排，日常养护，都可以尽往好的方面做，其结果是得到成长较快、质量更好的木材。木材用作煤矿的坑木是一大宗，其他如枕木和电线杆，还有房屋的梁和柱子，也多用落叶松。松树皮可以提炼单宁，在化学工业方面，是一种极重要的原料。

白桦的用处也不小。木材可以制高级的胶合板，中含糖分很多，可以制糖。树皮可以提炼汽油。总之，如果列一张综合利用表，项目要多得多，我弄不明白，只好从阙。那白桦皮非常可爱，像是细银丝编排成的，闪闪发亮。剥去银亮的外层，里层作玉润的象牙色，纹理那么匀净细腻，叫你不敢心粗气浮随便把它撕破。无论外层内层，如果取作室内的护壁，我以为比糊上花纸漂亮、雅致。不知道有没有建筑家考虑过。

树木当然不止落叶松、白桦两种，还有榆、柳、青杨、樟子松之类，所占成数不大，只是附庸而已。

火车到达甘河在夜间十二点，我们已经入睡了。第二天清早，林业局十几位同志来相迎，到局中小憩，并进早餐。解放之初，就在林区成立三个林业局，工人仅有两千多。逐步发展，到现在已经有二十五个局，三个筹备处，干部工人共有十万二千人。各个局是独立的企业单位，由林业管理局统辖。局在林区分设若干林场，为管理的分支机构。林场又分设若干工段，实做采伐运输培育各项工作。这么多的人深入林区，还有家属，一切生活上的需要都得供应，文化教育上的需要也必须满足，因而一个林业局不仅是一个企业单位，实际上就是一个新的市镇。跟许多矿区垦区水利工程区一样，从前是渺无人烟，仅有自然景物，如今建设起新的市镇，千千万万人在那里安居乐业，为社会主义事业尽力：想想这情景，是多么伟大的转变啊！

进早餐的时候，听说有一位鄂伦春族的青年干部，从鄂伦春自治旗来的，我们就拉他过来，请他边吃边谈。他叫泉博胜，中学毕业，身体壮健，面目清秀，穿一身蓝布制服，说汉话挺流畅。他说鄂伦春族从前过部落生活，每个部落七八户，部落长由大家公推。猎获野兽，平均分配，没有争执。向不定居，哪里有野兽就赶到哪里。麻疹和风湿病是可怕的病患，敬萨满神求治，当然没有什么效果。拿猎获的野货跟外间换一些日用品，受尽人家的欺侮和剥削，不忍细说。解放以后才像登了天。鄂伦春自治旗建立起来了，到今年国庆节是十周年，族人聚居在旗里的有一千多，还有定居在别地的。各方面得到政府的特别照顾，健康情况大好，青少年都上学，已经有受高等教育的了。他说族人的特点是勇敢而和气，打猎从小学会，他自己打猎的本领就很不错，并非夸口。又说他已经结婚，爱人是汉族，在从前当然是不可能的。

早餐过后，我们上小火车，要经过五十公里，到一处地方叫库中。小铁路是林业管理局所修，轨距零点七六二米。管理局还修好些公路。所以林区的交通线真可以用蛛网来形容，主要为的运木材，也便利工人上班下班。我们所乘的车，构造和大小，跟哈尔滨儿童铁路的客车相仿，双人板椅坐两个人，左右四个人，中间走道挺宽舒。车开得相当慢，慢却好，使贪看两旁景色的人感到心满意足。车窗外就是树木，树木外边还是树木，你说单调吧，一点儿也不，只觉得在林绿之中穿行异常新鲜，神清气爽。古人栽了几棵梧桐或者芭蕉，作诗就要用上“绿天”，未免夸大。这时候我倒真有“绿天”的实感，要是掺些想象的成分，竟可以说映人衣袂都绿。既而看见一条河道与铁路平行，一打听知道这就是甘河，水清见底，水顺着流向徐徐袅动。我又得诗一首：

波梳水草成纹理，澄澈甘河天影蓝。
高柳临流蝉绝响：清秋景色宛江南。

我注意到绝未听见蝉声，后来与老舍先生交换看诗稿，不约而同，他也有“蝉声不到兴安岭”之句。究竟是兴安岭上本没有蝉，还是岭上气候较凉，蝉声早歇，我们二人都不知道。问几位陪我们入林的同志，也没得到确切的回答。

午后十二点半到库中，一下车就往左边的原始林跑去。所谓原始林，就是从没经过采伐的，那些树自生自枯，世代相传，占着这块地方，并且逐渐扩大领土。拿落叶松来说，从幼苗到长足要一百年到一百二十年，看年轮就可以知道。而从长足到枯死，到腐朽，又不知道要经过多少年。眼前这些挺得高高的生气蓬勃的落叶松，是开始居留在这里的祖先的第几代后裔呢？脚踏在地上，软软的，陷到脚踝，原来青草和结着浆果的小灌木底下，尽是松针和断枝碎皮，或者已经腐烂，或者将腐未腐，也不知道有多少厚。这些松针和断皮碎皮，是多少世代的生命的残骸呢？边跑边想，总觉想不清楚。

挑定一处地方，在地上铺了几方毡毯，大家坐下来。我学几位同志的样，索性躺下来，伸展四肢，仰面朝天，看明蓝的高天和悠闲的白云。落叶松的树冠并不相互邻接，因而不至于翳天蔽日，阳光漏下来，照得身上微微发汗。望那些树干，挺极了，好像都不是静止的，棵棵都在往上伸，直欲伸到蓝天。忽然听见枪响，就有人说打中了，是一只乌鸡。

谁打的？当然是泉博胜。泉博胜证实了他并非夸口，好几个人背着枪捧着乌鸡照相，分享他的成功的欢快。乌鸡大如鹅，全身乌黑，只翅膀边上有几片白羽。

在原始林中野餐，在原始林中听歌看舞蹈，全是平生所未经，那新鲜意趣实在难写难描。既而工人为我们表演锯树。一个人一条腿跪在地上，手里的锯离地不到一尺，就树干的这边锯，又就树干的那边锯，大约五分钟光景，一棵落叶松就横倒了。数数年轮，八十多岁，还没长足。又改用柴油锯锯另外一棵。柴油锯不需人力推拉，省力气，锯得快，只消两分钟，树就横倒了。听说还有一种电锯，也锯得快，可是电缆横在地上未免碍事，不及柴油锯方便。

锯树总算看到了，但是没看到一个工段多数工人在那里采伐的热闹场面。刚交秋令，还没下雪，无量木材从冰道上滑下去的情景当然无从看到。大家说，到冬季咱们再来吧。因为林区管冬令叫黄金季节，采伐运输最繁忙，看辛勤的人在冰天雪地里活跃，精神上该会得到极大的鼓舞。

在回到甘河的车中，我回味原始林中的印象，又作一首诗：

株株竞上望如伸，原始林中卧碧茵。

倏见乌鸡应声坠，神枪无愧鄂伦春。

（1961 年 10 月 27 日作）

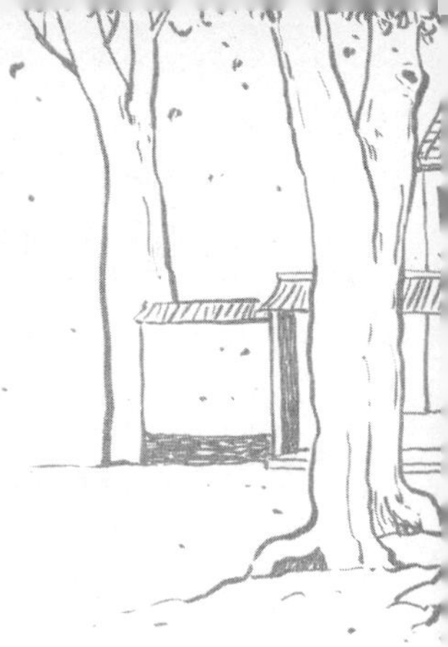

追怀调孚

调孚谢世一个多月了。刚得到消息的时候，很想找个朋友谈谈，共叙追怀，可惜熟悉他的老朋友已经不多了。他一辈子在出版界工作，知道他的人不很多，我不免代他感到寂寞。这种寂寞，调孚生前可能并没有感到。“人不知而不愠”本来是编辑工作者应有的胸怀。

我是进了商务印书馆才跟调孚相识的。将近六十年前的事，想不太清楚了，总之文学研究会刚成立，办起了《文学旬刊》，许多朋友都挺起劲，调孚就是其中的一个。后来振铎接替雁冰主编《小说月报》，邀调孚当他的助手。记得当时的《小说月报》有个特色，每期有一张精美的彩色插页，或是西方的名画，或是外国文学名著的插图。调孚大概就在那个时候学到了有关制版和彩印方面的许多知识。其时振铎正在编写《文学大纲》。这部巨著还没有完成，大革命失败了，为了暂避蒋介石屠杀革命者的凶焰，振铎往欧洲旅行去了，把剩下的工作托付给调孚。这四大厚册的插图本《文学大纲》的出版，调孚是花了不少气力的。

振铎旅欧期间，我代他编《小说月报》，当时算是四个人，实际做工作的是我和调孚。处理排印方面的问题，调孚比我精明得多。在那个时期，《小说月报》刊登了不少新作者的作品，好几位作者后来成了名。因此近年来常有人提起，说这是我的功劳，我以为这样说并不切当。首先是时代使然。轰轰烈烈的大革命冲激了人们的思想，自然会有许多新的作者和新的作品出现，自然也改变了我这样的编辑者的眼光。另外一点是，《小说月报》的工作是调孚和我共同做的，有许多好作品正是调孚在成堆的来稿里发现的。那时给《小说月报》投稿的作者可能还记得，他们收到的复信有些正是调孚写的。

后来我和调孚又在开明书店共事。开明书店创办在大革命之前，彼此是熟朋友，调孚为开明出了不少主意。《世界少年文学丛书》就是他和均正共同编辑的，他自己还译过几本。他正式进开明在“一·二八”之后，负责出版部的工作，其实他什么都管。开明的机构很简单，没有明确的分工。跟制

版厂、排字房、印刷所、装订作打交道，当然是出版部的事，还有版式设计和装帧设计，出版部也要管；此外还要管发稿计划和出书计划。调孚管得更宽，许多作者本来是他的熟朋友，就由他出面联系。当时开明出版了不少文学作品，稿件大多是他约来的。工作的方面这样广，事情这样烦琐，也亏他有一副好精力才能应付。他对工作丝毫不肯放松，尤其是插页和封面付印，即使下了班，他一定要印刷所把样张送到他家里，让他过了目签了字才算数。

“八·一三”上海战事开始，我从苏州到了四川，许多亲友留在上海。我和他们通信，大多寄给伯祥或者调孚，请他们转致。在上海的几位朋友以开明的名义办起了一种刊物叫《文学集林》，调孚参加了编辑工作。这种刊物像桥梁一样，使留在上海的和分散在内地的文艺界朋友得到了精神上的沟通，在当时很受欢迎。可是后来上海的环境越来越恶劣，《文学集林》出了几辑就停办了。那八个年头，留在上海的亲友都受尽苦难，调孚当然不是例外，可是他给我的信里没诉过一句苦。

抗战胜利之后，开明从内地迁回上海，亲友们都团聚了。从外表看，大家老了，可是心情都容易激动，似乎反倒年轻了。曙光已经在望，对黑暗自然更加深恶痛绝。当时在上海群众的反独裁争民主的宣言书上，几乎都可以见到调孚的签名。《闻一多全集》准备交开明出版，调孚也是竭力主张接受的一个，在排校过程中，他也尽了不少力。还有一种《开明文学新刊》，抗战前已经开始编了，停顿了八年，调孚重新把它编起来，在计划中加进了不少抗战期间的作品。此外，他还为好几位剧作家编了专集。现在看来，仿佛他有意要为解放以前的新文艺作个总结似的。

1949年初，我离开上海到解放区，从此离开了开明。新中国成立之后，调孚随开明迁到北京。不久，开明和青年出版社合并，调孚调到了古籍出版社工作，后来古籍又并入中华书局。我和调孚虽然同在北京，见面的时间却不多了。早晚相处的往时固然值得怀念，可是不常见面正表明彼此都忙着，只要听说身体都安好，就可以互相放心。到了1966年，情形就完全不同了，老朋友没有不互相牵挂的，却又无由相见。听说调孚并未受到冲击，可是也不得不离开北京，夫妇俩去外地跟孩子住在一起。后来中华书局承印的《柳文指要》重新“上马”，著者章行严先生写信给周总理说，他非常满意原来负责编校的徐先生，一定要请徐先生来完成这项工作。调孚于是又来到北京，住在中华书局的办公楼里。《柳文指要》排校完毕，章老先生又写信给周总理，说徐先生是一位难得的编辑，建议把他留在北京工作。可是调孚在北京没有家了，即使把夫人接了来，老夫妇俩跟前没有幼辈照顾，实在难以生活，结果他还是决定离开北京。

调孚直到临走才来看我。他也忒小心了，只怕早通知我会引起什么无法预料的麻烦。这最后一次见面没有说多少话，好像能见到彼此都活着，已经是莫大的安慰了。过了不久，他的夫人去世了。我接到他一封简单的信，语气很平静。这使我感到奇怪，他们夫妇之间感情之好，是朋友们经常称赞的。后来，朋友们给他去信，他大多不复；有时候突然收到他一封短信，可是再去信又得不到回复了，叫人摸不透是怎么回事；听说他脑筋还是挺清楚的。

调孚早年翻译的意大利童话《木偶奇遇记》，现在还在印行。还有一部《中国文学名著讲话》，是解放前写的，曾在《中学生》上连载，听说他在最后的岁月里作了整理，不久可能出版。署他自己的名字的出版物，大概只剩下这两部了。

（1981 年 6 月 13 日作）

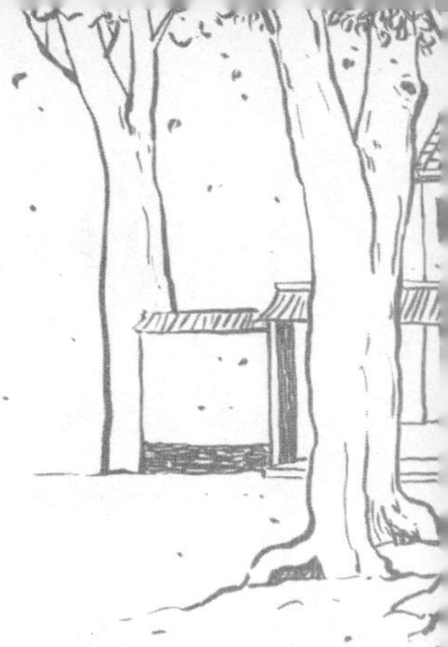

子恺的画

推算起来大概是1925年的秋天，那时子恺在立达学园教西洋绘画，住在江湾。那一天振铎和愈之拉我到他家里去看他新画的画。

画都没有装裱，用图钉别在墙壁上，一幅挨一幅的，布满了客堂的三面墙壁。这是个相当简陋而又非常丰富的个人画展。

有许多幅，画题是一句诗或者一句词，像《卧看牵牛织女星》《翠拂行人首》《无言独上西楼》等等。有两幅，我至今还如在眼前。一幅是《今夜故人来不来，教人立尽梧桐影》。画面上有梧桐，有站在树下的人，耐人寻味的是斜拖在地上的长长的影子。另一幅是《人散后，一钩新月天如水》。画的是廊下栏杆旁的一张桌子，桌子上凌乱地放着茶壶茶杯。

帘子卷着，天上只有一弯新月。夜深了，夜气凉了，乘凉聊天的人散了——画面表现的正是这些画不出来的情景。

此外的许多幅都是从现实生活中取材的，画孩子的特别多。记得有一幅《阿宝赤膊》，两条胳膊交叉护在胸前，只这么几笔，就把小女孩的不必要的娇羞表现出来了。还有一幅《花生米不满足》，后来佩弦谈起过，说看了那孩子争多嫌少的神气，使他想起了“惫赖的儿时”。其实描写出内心的“不满足”的，也只是眼睛眉毛寥寥的几笔。

此外还有些什么，我记不清了；当时看画的还有谁，也记不清了。大家看着墙壁上的画说各自的看法，有时也发生一些争辩。子恺谢世后我写过一首怀念他的诗，有一句“漫画初探招共酌”，记的就是那一天的事。“共酌”是共同斟酌研讨，并不是说在子恺家里喝了酒。总之，大家都赞赏子恺的画，并且怂恿他选出一部分来印一册画集，那就是1925年底出版的《子恺漫画》。

那一天的欢愉是永远值得怀念的。子恺的画开辟了一个新的境界，给了我一种不曾有过的乐趣。这种乐趣超越了形似和神似的鉴赏，而达到相与会心的感受。就拿以诗句为题材的画来说吧，以前读这首诗这阕词的时候，心中也曾泛起过一个朦胧的意境，正是子恺的画笔所抓住的。而在他，不是什么朦胧的了，他已经用极其简练的笔墨，把那个意境表现在他的画幅上了。

从现实生活中取材的那些画，同样引起我的共鸣。有些事物我也曾注意过，可是转眼就忘记了；有些想法我也曾产生过，可是一会儿就丢开，不再去揣摩了。子恺却有非凡的能力把瞬间的感受抓住，经过提炼深化，把它永远保留在画幅上，使我看了不得不引起深思。

隔了一年多，子恺的第二本画集出版了，书名直截了当，就叫《子恺画集》。记得这第二本全都从现实生活取材，不再有诗句词句的题材了。当时我想过，这样也好，诗词是古代人写的，画得再好，终究是古代人的思想感情。“旧瓶”固然可以“装新酒”，那可不是容易的事，弄得不好就会落入旧的窠臼。现实生活中可画的题材多得很，尤其是子恺，他非常善于抓住瞬间的感受，正该从这方面舒展他的才能。

佩弦的意见跟我差不多，他在《子恺画集》的跋文中说：“本集索性专载生活的速写，却觉精彩更多。”他称赞的《瞻瞻的车》和《阿宝两只脚，凳子四只脚》，这几幅都是我非常喜欢的。还有佩弦提到的《东洋和西洋》和《教育》，我也认为非常有意思。《东洋和西洋》画一个大出丧的行列，开路的扛着“肃静”“回避”的行牌，来到十字路口，让指挥交通的印度巡捕给拦住，横路上正有汽车开过——东方的和西方的，封建的和殖民地的，在十字路口碰头了，真是耐人深思的一瞬间啊！《教育》画的是一个工匠在做泥人，他板着脸，把一团一团泥使劲往模子里按，按出来的是一式一样的泥人。是不是还有人在认真地做这个工匠那样的工作呢？直到现在，还值得我们深刻反省。

第二本画集里还有好些幅工整的钢笔画。其中的《挑荠菜》《断线鹞》《卖花女》，曾经引起当时在北京的佩弦对江南的怀念。我想，要是我再看这些幅画，一定会像佩弦一样怀念起江南、怀念起儿时来。扉页上还有一幅钢笔画，画一个蜘蛛网，粘着许多花瓣儿，中央却坐着一个人。扉页背面印上了两句古人的词："檐外蛛丝网落花，也要留春住。"这样看来，蜘蛛网中央的人就是子恺自己了。他大概要说明，他画这些画，无非为了留住一些刹那间的感受。我连带想到，近来受了各方面的督促，常常要写些回忆老朋友的诗文，这就有点儿像子恺画在蜘蛛网中央的那个人了。

（1981 年 7 月 2 日作）

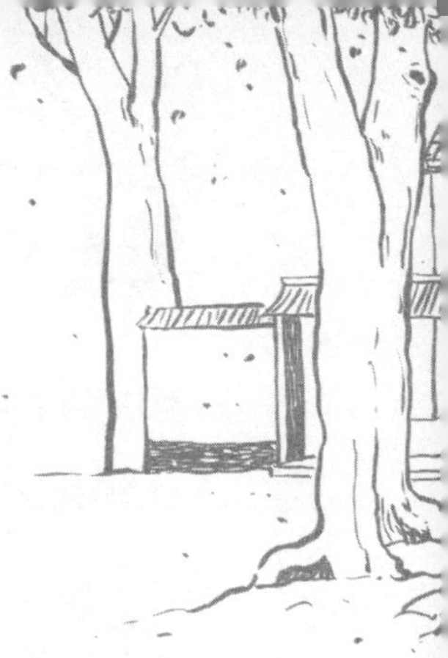

我和商务印书馆

如果有人问起我的职业，我就告诉他：我当过教员，又当过编辑，当编辑的年月比当教员多得多。现在眼睛坏了，连笔画也分辨不清了，有时候免不了还要改一些短稿，自己没法看，只能听别人念。

做编辑工作是进了商务印书馆才学的。记得第一次校对，我把校样读了一遍，不曾对原稿，校样上漏了一大段，我竟没有发现。一位专职校对看出来了，他用红笔在校样上批了几个字退回给我，弄得我很不好意思。我才知道编辑不好当，丝毫马虎不得，必须认认真真一边干一边学。

我进商务是1923年春天，朱经农先生介绍的。朱先生当时在编译所当国文部和史地部的主任。我在国文部，跟顾颉刚兄一同编《新学制中学国文课本》。这套课本的第一册是另外几位编的，其中有周予同兄。我参与了那时候颁发的“新学制中学国文课程标准”的拟订工作。

1927年6月，郑振铎兄去欧洲游历，我代他编《小说月报》，跟徐调孚兄合作。商务办了十几种杂志，除了大型的综合性的《东方杂志》人比较多，有十好几位，其余的每种杂志只有四位。《小说月报》除了调孚兄和我，还有两位管杂务的先生。他们偶尔也看看校样，但是不能让人放心。

那时正是大革命之后，时代的激荡当然会在文学的领域里反映出来。那两年里，《小说月报》上出现了许多有新意的作品，也出现了许多新的名字，最惹人注意的是茅盾、巴金和丁玲。当时大家不知道茅盾就是沈雁冰兄。他过去不写小说，只介绍国外的作品和理论。巴金和丁玲两位都不相识，是以后才见面的。

等振铎兄从欧洲回来，休息了一些日子，我就把《小说月报》的工作交回给他，回到国文部编《学生国学丛书》，时间记不太准，总在1929年上半年。到第二年下半年，我又去编《妇女杂志》，跟金仲华兄合作。1931年初，开明书店创办《中学生》杂志，过了不久，夏丏尊先生、章锡琛先生要我去帮忙，我就离开了商务。我在商务当编辑一共八个年头。

商务创办于1898年，老板是几位印《圣经》发家的工人；两年以后，维新派的知识分子参加进去，成立了编译所，一个编译、印刷、发行三者联合的文化企业就初具规模了。后来业务逐渐发展，就编译和出版的书籍杂志来说，文史哲理工医音体美，无所不包；有专门的，有通俗的，甚至有特地供家庭妇女和学前儿童阅读的。此外还贩卖国外的书刊，贩卖各种文具和体育器械，还制造仪器标本和教学用品供应各级学校，甚至还摄制影片，包括科教片和故事片。业务方面之广和服务对象之广，现在的任何一家出版社都不能和商务相比。商务的这个特点，现在不大有人说起了。

商务的编译所是知识分子汇集的地方，人员最多的时候有三百多位。早期留美回来的任鸿隽、竺可桢、朱经农、吴致觉诸先生，留日回来的郑贞文、周昌寿，李石岑、何公敢诸先生，都在商务的编译所工作过。稍后创办的几家出版业如中华、世界、大东、开明，骨干大多是从商务出来的，还有许多印刷厂装订厂，情形也大多相同。可以这样说，商务为我国的出版事业，从各方面培养了大批技术力量。

有趣的是 1949 年 10 月新中国成立，政务院有个管出版事业的直属机构叫出版总署，胡愈老任署长，周建老和我任副署长，二十多年前在商务编译所共事的老朋友又聚在一起了。后来人民教育出版社成立，我兼任社长。1954 年 9 月，出版总署撤销，这一摊工作并入文化部。胡愈老调到文化部，出版工作仍旧由他主管；我调到教育部，主要还是在人民教育出版社做编辑工作。这一二十年来，老朋友过世的不少，周建老、胡愈老和我还健在。有人说，做出版工作的人就是长寿。

（1982年1月1日作）

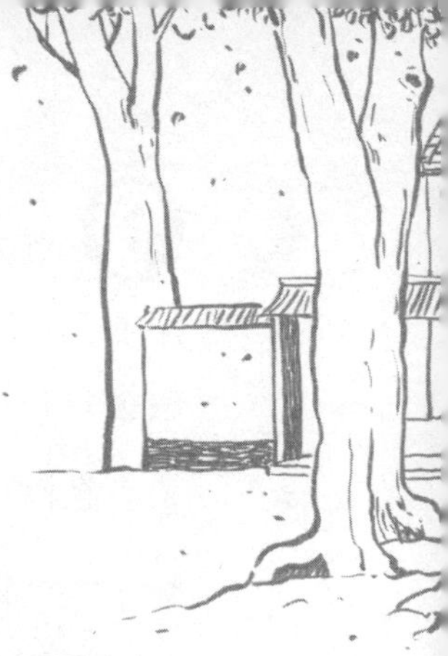

记我编《小说月报》

1927年5月，郑振铎兄赴欧洲游学，托我代替他编《小说月报》。在那年六月份出版的《小说月报》第十八卷第六号上，振铎兄刊载启事说："我于5月21日乘Athos II赴马赛。此次欧行，为时至促，亲友处多未及通知告辞，万乞原谅！……关于《文学研究会丛书》事，已托胡愈之、徐调孚二君负责；关于《小说月报》事，乞直接与'《小说月报》社'接洽；但我虽在请假期内，仍当视力之所及为《丛书》及《月报》负一点责任。"

振铎兄是五月下旬动身的，我从商务印书馆编译所的国文部调到"《小说月报》社"大约就在那个时候。期刊的编辑者是跑在时间前头的。振铎兄动身之前已经把第六号编定了，还给以后几期准备了一部分稿子。所以从第七号起虽然由我接编，格局跟以前并没有明显的不同。振铎兄实践了他的诺言，在欧游途中时常写信回来，给《小说月报》出主意，寄稿子——他自己经常写，还拉朋友的稿子。他对《小说月报》的系念和关切，只能用不得已远离家乡的父亲对他子女的心情来比拟，不但使我感动，还感染了我。

振铎兄去欧洲不满两年，等他回到上海把劳顿休息过来，把杂事安顿停当了，我把《小说月报》交还给他，已经是1929年5月间了，所以二十卷的第六号大概还是我编定的。我说“大概”，因为第六号跟前一期第五号也看不出明显的不同。所以只能粗略地计算，从十八卷第七号到二十卷第六号，我代振铎兄编了两年，一共二十四期。

现在经常有人说那两年的《小说月报》上出现了许多新作者，说我如何能发现人才。现在那两年的《小说月报》影印出来了，大家翻一下目录就会发现，在那二十四期中，新出现的作者并不少，可是人们经常提起的就只有那几位。他们的名字能在读者的心里生根，由于他们开始就认真，以后又不懈地努力，怎么能归功于我呢？我只是仔细阅读来稿，站在读者的立场上或取或舍而已。如果稿子可取，又感到有些可以弥补的不足之处，就坦率地提出来跟作者商量。这些是所有的编辑员都能做到的。

还有一点必须说明，那两年的编辑工作是徐调孚兄跟我一同做的。从1924年起，调孚兄就协助振铎兄编辑《小说月报》，他比我熟练得多。直到1931年年底《小说月报》停刊，他才离开商务印书馆，到开明书店工作，解放以后仍然干编辑这一行。他勤勤恳恳为读者服务了一辈子，我是永远忘不了的。

（1983年8月16日作）

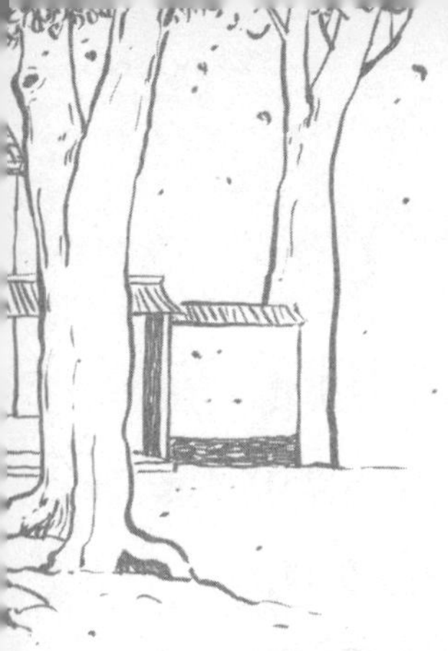

略述我的健康情况

平生作文不少，可是从来没写过有关自己健康情况的文篇。现在《中国老年》编辑部嘱我写些什么，我想就这方面写一篇应命。我绝无摄生的好方法、锻炼的好经验，只不过把有关身体的若干方面简略地叙写，一备自己查考，二供读者阅览而已。

年逾“古稀”的长辈

我祖母和我父亲都是七十二岁。我外祖母八十六岁。我母亲九十六岁，年龄最高，1961 年逝世。若干地方都有“老不入川”的说法，我母亲却在七十四岁时入川，八十二岁时出川，而且都在车船拥挤、交通秩序极端混乱的时候。解放以后，卫生部门听说我母亲高年，曾经来打听过。我只能说我母亲忠厚寡言，勤劳家务，似乎从不考虑什么养生之道。来打听的同志不免失望而去。

我母亲是我父亲的第二位续弦，生我的那一年，我母亲三十岁，我父亲四十七了。我生后第三年又生了个妹妹，再过四年生了第二个妹妹。大妹妹十三岁时病故。二妹妹小于我八岁，健康情况比我差，可是饮食起居还如常。

我绝无有关遗传的学问。按常识想，寿命短长大概决定于不容易计算的种种因素，有属于父系母系历代遗传的，有属于本身现实生活的必然缘由和偶然缘由的。现在我活到八十九岁，我父系母系两代长辈中有四位超过“古稀”，或许是若干因素之一，也未可知。

从小就不甚健壮

据说我幼年时不爱吃食，多方设法引诱，才勉强吃几口粥饭。豆腐青菜都不爱吃，绝不吃肥肉，各种鱼都爱吃。十三岁上寄宿高等小学，才开始吃豆腐青菜。饭量一向很小，吃了一碗再添是少有的事。记得只有一回，那是在中学时代了，为了跟厨房头子为难，同学们相约多吃，把饭桶里的饭吃光，让厨房头子向外边面馆里叫“阳春面”来吃。我响应号召，居然吃了三碗。这可以说是平生的最高纪录了。

进食不多，身体当然不会怎么健壮。自从十二岁上为了报名考高小照生平第一张相片起，直到如今存有很多相片，没有一张够得上用“壮”字“健”字形容的。有些相片还觉得清秀，有些却非常憔悴，尤其是抗战期间照的。

喝酒和吸烟

我从八九岁时就开始喝绍兴酒。当时我父亲每天傍晚到玄妙观前街老万全酒店喝酒，我从书塾里放学出来常常跟着去。他规定喝十二两，我喝四两，合起来是一斤[①]。十三岁上进了高小，教修身课的是可敬的章伯寅先生，他讲喝酒有种种害处，我极信服，星期六回家向我父亲说喝酒有害处，我不喝了。我父亲不以为然。下一年考进了中学，不在学校寄宿了，有时跟着我父亲到老万全，又陪他喝四两了。戒酒只坚持了一年，真可谓没志气。中学同学也有能喝酒的，有时一块儿往酒店喝酒，我的量就不止于四两，达到了一斤的程

①现行的一斤十两制始于20世纪50年代后期，文中为旧秤，一斤是十六两。

度了。中学毕业之后当小学教师，先在苏州，继之在上海，又继之在苏州的近镇甪直，同事和朋友之间能喝酒的不少，因此，虽不能说每天必喝，喝酒的日子实在不少。1919 年我父亲逝世，暑假中全家老幼移住甪直，我开始每晚喝例酒（害病的日子当然除外），直到如今。当时每晚饮量并不多，只喝十两或十二两。喝罢酒，吃过饭，然后看学生的作业或者写答复朋友的信，撰写准备投寄的文稿。1923 年我家迁居上海，相识的朋友多了，其中善饮的很不少，福州路上几家出名的绍酒店是我们常到的处所。每人的饮量一斤半或二斤，彼此超过二斤喝得酩酊大醉的晚上也间或有。

八年抗战期间生活较为艰苦，酒依然常喝。绍兴酒不常买得到，就喝重庆或眉山的“仿绍”，以及四川各地出产的大曲，还有贵州的“茅台”，广西的“三花”，都曾经喝过。一九四九年初在香港住了一个多月，开始喝白兰地。三月中旬到达北京住下来，一连十五年以上都喝白兰地——到这里暂且停一停，不说喝酒说吸烟。

我吸纸烟开始于一九二三年迁居上海之后。一则因为坐在马桶上大便可以消解臭气；二呢，作文构思的时候吸一支烟，似乎可以使心思灵活些。我的“烟量”不及酒量，一罐五十支装的纸烟可以吸三四天。在四川的时候还曾经买过烟叶子，自己卷着吸。又曾经买过烟斗和板烟，不久就丢开了。一九六七年我患心肌梗塞，住反帝医院（原来是协和医院，“文化大革命”时期改称反帝医院，现在是首都医院）七个星期，出院时主治大夫黄席珍女士给我指点注意事项。我请教她对于烟酒两项嗜好该怎样。她知道我不愿意两项都放弃，就说：“戒了吸烟吧。”我恭敬地回答她说：“一定听从您！”至今十五年了，我没吸过一支纸烟。

那回出院之后还是喝白兰地。直到一九七八年因割除胆结石再次住院，出院之后不久试喝酒，开始觉得白兰地力量大，受不了，于是改喝葡萄酒，每次三四小杯。葡萄酒我最欣赏通化的产品，可惜不容易买到。最近买到芜湖出产的镜黄酒，跟普通绍兴酒相仿，味道还正，我就改喝镜黄酒了。

我说喝酒说得相当多，绝不是宣传喝酒，喝酒总是不良的嗜好。我只为了两点。一点是生平请教大夫也说不清有多少回，没有一回说我的毛病跟喝酒有关联的，这有点儿怪。再一点是我喝酒喝了八十多年，可称为长久了。

运动和操练

幼年坐在书塾里念书，绝对无所谓运动。进了高小开始学跳绳，如今五六岁的孩子就能跳的各种花样，我在十三岁上才学会。还有拍皮球，开始拿到皮球也在那时候。高小的院子里搭起凉棚，阳光强烈时就展开卷着的芦席遮阳光。凉棚的支柱是四竿粗竹子，立在院子的四角。那四竿竹子成了十来个同学的运动工具，我也在内。只要双手握住竹子，身子往上一耸，两腿往上一提，夹住竹子，这样重复四五回，就可以爬上屋面了。上了屋面，谨慎小心地在瓦楞上走，从邻家楼房的窗户里窥看室内的情形，或者在屋脊上坐下，谈一阵天，乘一回凉，觉得样样新鲜，其味无穷。有一天傍晚，上屋的同学全下去了，只我一个落后，距离屋檐还有三四尺，忽然间管斋务的龚赓禹先生来了。他见我在屋上显得很惊慌，于是和婉地轻声说："好好下来。"待我下来之后，他只说往后别再上屋了，没说别的。后来我想，龚先生在这一刹那间，考虑得相当复杂，决定得颇为妥当，要是大声呵斥，很可能发生极坏的后果。龚先生也是一位可敬的老师。

踢足球我也参加过，可是腿力弱，踢不高，踢不远，无论担任哪个角色，只是备员而已。有时强力的来球中在我当胸，或者中在我面颊上，那种压迫疼痛之感非常难受，因而对足球并无好感。下一年进了中学，校内操场上铺了小石块还没铺上土，就在场上踢足球。有一天我在踢球时跌了一跤，左膝盖跟小石块摩擦最重，皮肉破了一大块，流血不少，在家里躺了一个星期才能起床到校。从此我见足球就害怕，再也不敢参加踢球了。

中学操场上有浪木，有木马，有单杠。三样之中，我跟单杠稍稍有缘。能翻一个筋斗，能用脚背钩住单杠，全身笔直倒垂，能用右手抓住单杠，全身蜷成一团，叫作"挂秤砣"。

此外还有一项运动我也试过，可不是学校里的事，那是骑马。进了中学的第二年，我们同学沾染了当时其他学校的习气，借端闹风潮。短时期间，各事都没有了秩序，同学们爱怎么样就怎么样。有十几个同学想去骑马，我也参加在内。马是租的，一小时一毛钱，一个马夫管着。距学校不远有个广场叫“王废基”，是张士诚故宫的废墟，正是练骑马的好所在。开头是由马夫牵着马走，过几天不用马夫牵了，各自执着缰绳操纵着马走。随后身子能摆稳了，两条腿夹得住马背，好像跟马合成一体了，于是通过缰绳指挥马，要它“小走”或是“跑开”。“小走”舒爽，“跑开”豪放，十几骑一连串在广场上驰骋，真可谓快意事儿。在一次“跑开”的时候，我腿劲一松，突然往左边摔下来，立即昏过去了。幸而在左边，没给后面的马踩着。同学们把我抬到宿舍里，过了三小时光景醒来，居然没有什么痛苦感觉。回到家里，当然不敢向父母吭一声——大约经过个把月，风潮平息了，学校秩序恢复了，同学们都不再骑马了。

以下说操练的事。

高小一年和中学第一年的体操是徒手操和器械操，中学第二年到第五年全是兵操。器械操用木哑铃、铁哑铃、棍棒、长干双木球棒（两个木球装在棒的两端）之类。兵操各人有一支一响后膛枪，一条皮带，皮带上附有两个子弹匣，一把刺刀挂在左边。辛亥年（1911年）秋间苏州光复，同学们组织学团保卫地方治安，领到了五响毛瑟枪，并且每人有一排子弹（五颗），那真是非常开心的事。

教兵操的是魏旭东先生，现在我记不得他是湖南还是湖北人，军界出身，什么级别我也说不清，苏州人几乎全都知道他，课程中有兵操的学校都请他，大伙儿称他“魏教习”。他教我们从“托枪”“枪放下”开始，直到“预备放”“跪倒预备放”“卧倒预备放”，要求相当严格。有时候他要检查枪管，看我们擦枪的功夫怎么样。有好些同学真肯下功夫，把枪管里擦得乌蓝发亮，来复线清清楚楚。我擦枪挺随便，用通条带着布条插进去擦几下就了事，从没有受到魏先生的赞许。再说那一排子弹，既然拿到手，总要把它消费了才称心，于是选定一天去打靶。打靶的结果，五枪全中的占极少数，中一两枪的居多数，我可一枪也没打中。

开始时班级少，只能操小队教练。后来班级多了，人数够了，就操中队教练。我在本班里年纪最小，身子又不高，无论小队教练中队教练，我总是排尾。一响后膛枪已经高过我的肩膀，如果上了一尺有余的刺刀就高过头顶不少，自己想想也好笑，而且感到分量重。虽然如此，我还是认为兵操挺有兴味。队形有多种变化，步子有正有快有跑，上刺刀，下刺刀，举枪敬礼，散兵线，野外搜索，上了刺刀喊着“杀”冲锋，冲上高墩算是占领了敌人营地（当时苏州砖瓦泥土堆很多，叫作“高墩”，高的与楼房相等，是太平天国时期遗留下来的），全都觉得可乐。1910 年全校到南京去旅行，参观南洋劝业会，到南京下了火车，成四行扛着枪开着正步初次踏上南京的街道，同学们都有不可一世的自豪感。

前边说的运动和操练只是高小一年中学五年间的事。从 1912 年起，可以说的只有一件了，就是我也曾经练习骑自行车。那是 1915 年我在上海尚公学校任教的时候。好几位同事对此有兴趣，我就跟着尝试。自行车向车行里租，租费跟租马一样，也是一小时一毛钱。起先由同事或学生扶着，在校内操场上来回行动，身子总摆不稳，扶的人一放手，车就偏侧停住了。过了三四天，不知道怎么一来，觉得自己有主意了，赶忙叫扶着的人放手，两只脚着力地蹬，居然在操场上转了好几圈。后来熟练了，能够转折自如，两脚停蹬也能前进一大段了。可是我只敢在操场上骑，在马路上从来没骑过。

先是当教员，后是当编辑，当编辑有时兼当教员，而当编辑的时间超过当教员很多。职业规定我积年累月伏案工作，养成了习惯，竟至于想不到站起来散散步，伸伸腰。1949 年春到了北京，不久就参加工作。在机关里，在出版社里，上下午都规定有工间操的时间。可是没有人来要我去做工间操，我也就不去参加。直到如今，常有人问我："练气功吗？""打太极拳吗？""经常散散步吗？""每天在院子里兜几圈吗？"诸如此类，我听了非常惭愧，只回答个"不"字。我自己知道，这样的习惯很不好，可是习惯已深，自制力差，无由改变了。要是有人在旁监督我，强制我，非定时活动不可，我也会活动活动的。可惜我没有这样的人。

两次重病

我身体虽然不怎么健壮，害病的时候可不算多。伤风咳嗽每年总要犯几回，此外则每逢春夏之交，江南所谓黄梅季节，往往要感到困倦，头脑昏沉发涨，饮食乏味。看中医，总说这是"湿阻"。待天气晴正了，夏令气候来了，这些不舒适就消除了。西医没有"湿阻"的说法，只开些药水药片让我服下，过些时照样痊愈了。

解放前从未住过医院。1949 年春到北京，至今三十五年间，住过五次医院，北京医院两次，首都医院三次。在这五次里头，我只想说严重的两次。

到了北京，我在附近的澡堂子洗澡，每周一次，常去的是松竹园，偶尔也坐四站电车到宝泉堂。1967 年 9 月 21 日早上，由第三个孙子永和陪往宝泉堂。在澡盆里洗了一会儿，突然感到胸口异常不舒服，难以描摹，这种感觉以前也曾有过，而那一天特别厉害，就急忙出澡盆躺着。躺了大约半小时，那种感觉消失了，急忙回家休卧。既而这种感觉又来了，比在澡盆里的时候更厉害，而且不仅是胸口，胃部和背部也作剧痛，前后夹攻，于是头部大出汗。午餐晚餐都没吃。夜间梦魂颠倒，梦境好像极复杂，可是全都记不得。第二天仍然作痛，背部的痛更强烈。几次量体温，从三十七度六升到三十八度四。晚上稍醒再入睡，一连睡了十小时。全家人都着急，认为再不能坚持硬熬、不请教大夫了，第三天就坐三轮车到附近的地段门诊部求诊。大夫说恐怕是心绞痛，须往大医院作心电图检验。于是决定明天往反帝医院。24 日早上，至善、满子陪我到反帝医院。大夫听了陈述，就量血压，血压相当低。大夫面有忧色，让我坐了轮椅去作心电图检验。他看过检验的记录带，断言必须住院，就叫把我推往病房。病房是地下室，九个床位，床与床之间大概距离两尺光景，我就躺上唯一的空床位。遵照大夫的嘱咐，只容躺着，不准活动，饮食要由他人喂，大小便也不容下地，这就必须有人在旁陪伴。至善、满子各陪了我一宿，移一条长凳贴着我病床的右侧，就在上边蜷着。至善曾经跟大夫商量，能不能换入比较安静的病房，因为按病情有此需要，大夫说难办。

史晓风同志在25日上午来看望我，回到教育部告知刘皑风同志。这天下午，出乎我意料，刘皑风、段洛夫二位还有一位张同志一同来了。他们了解了病况就去找大夫商谈换病房的事，谈得相当久，似乎没有结果。下一天上午张同志再来接洽，我才得迁入跟我级别相称的双人病房。当时不清楚所以然，后来才知道关键在于教育部的四个“革命组织”共同给我出了一封证明信，证明“此人目前尚未定为走资派”。这封证明信至今还保留在我的病历里。反帝医院的“革命派”曾经有过逐出“走资派”病人的事，我“尚未定为走资派”，他们当然认为可以收容了。

我这回病，病历上的记载称为“急性前壁心肌梗塞”，至今没犯过第二次。可是以后每次作心电图检验，记录带上总划出明显的痕迹。七个星期里量血压在二十次以上，在先高压低压都偏低，到出院时高压一百二十几，低压七十，跟平时差不多了。

治疗这种病似乎不怎么繁复。一则躺着不动，按时服镇定剂，多睡眠。再则服一种药片，我不记得名称，作用在抵制血液的凝固。用量先由少而多，后来由多而少，以服用六个星期为度。每日服用的确切片数需看验血的结果，所以每天或间天抽血检验。

到第六个星期的后半，我试着在床上坐起来，并且自己进餐，不要他人喂。下一天试着下床走几步，脚力软得出乎意料，要他人扶着才行。第一次望见窗外的树木感到特别可爱。再过一星期多，一切跟病前一样了，就听了黄席珍大夫的指点，向她郑重道谢，随即出院。

再一次重病在 1978 年，住院时间长得多，一百零四天，可以说的也多得多。

那年 5 月 27 日上午，我和至善同上火车，参加政协组织的参观团往四川。那天下午忽然感觉腹中作痛，先在左肋部位，后来移到肚脐上方，疼痛越来越厉害。我只恐引起同行的朋友和医护人员的紧张，连至善也没有告知。晚餐只吃了一点儿，吃罢就睡，居然一睡就着。下一天五点醒来，痛的感觉消失了，甚为高兴。可是到了成都之后，参观访问以及座谈，我的兴致总不及以前几回的结伴出访。到了重庆亦然。

看电影和各种表演，常常懒得去。进餐总是吃得很少。到6月19日，开始有伤风的感觉。20日晚上早睡，入睡一小时光景醒来，大出汗，数次往厕所，再也睡不着。既而觉得腹痛，似乎上下阻隔了，往上打不成呃，往下放不出屁，憋闷得慌。朦朦胧胧地挨到五点半起身，其时腹痛已经停止，可是仍然感到不怎么舒爽。到22日，已经在江轮上了，这是我第五次经过三峡，稍稍看了一会儿就回房舱。午睡起来量体温，比平时高一度以上。就跟至善商量（他早已知道我的情况了），再不能保密了，只得告知同行的女大夫。她给我注射庆大霉素和柴胡注射剂，嘱我卧休。23日下午到了汉口才起身，往武昌东湖边的听涛宾馆，到了宾馆仍然卧休。直到26日下午回到北京，这四天里注射了好多次庆大霉素，服了好多次其他药剂。回到家就上床。那天夜间忽然腹痛大发作，身子翻来覆去总没法减轻一些儿。按电铃把至善和满子唤醒，他们非常着急，也没有什么办法。27日早上跟首都医院通电话，医院派救护车把我接去，从此开始一百多天的住院生活。

到医院经过诸位大夫的检查和研究，断定毛病在于胆，全身皮肤和两眼的眼白都发黄就是明证，胆里有结石。他们看我年纪大，八十三岁了，想用打针和服中药的办法让胆里的结石排出来。打了好几回针，服了几剂中药，抽血检查，

黄疸指数还是逐日增高。他们又开会郑重讨论，认为这样下去势必影响到肝，进而危及生命，马上做手术是唯一办法，目前病人的体力还能对付。他们只恐我不同意，就嘱咐至善向我试探。我绝不是自以为胆子大，了不起，如今回想当时听了至善说的，确乎没有惧怕的心思，而且还有点儿兴奋，开刀破肚皮，究竟什么滋味，试它一试也挺好。这就算决定了。至善去写照例要写的家属同意做手术的证明书，只十二个字，却写错了四个。

手术以前的种种准备不必说。7 月 7 日八点，我进了手术室。室内穿白衣服戴白帽子的人说不清有多少，只知道其中的四位：外科主任曾宪九大夫，外科张建希大夫，内科黄席珍大夫，还有一位是北京医院的吴蔚然大夫，他是手术的主导者，由他动手切开我的肚皮的。先是注射麻醉剂，只是局部麻醉，所以我的耳目仍然能起作用。照射在身上的灯光太强了，我闭上了眼。既而觉得肚皮上有一丝儿凉意，知道肚皮已经切开了。随后只听见仅有一个两个音的传语声，金属东西跟盘子杯子接触声，都非常之轻，似乎从很远的地方传来的。时间长短的感觉已经消失了，只知道我被推回病房里了，至善他们告知我快十二点了，又告知我取出了一颗胆结石，体积比黄豆大。我对他们说“没感到什么痛苦，现在只想睡觉”。但是神经正处于兴奋阶段，睡不着。又感到渴得很，想痛痛快快喝一杯水。大夫却特别告诫我，在这个时刻，一不宜服安眠药，二不宜喝多量的水，只能用棉花蘸点儿水润润唇。我听了大为失望。到下午六点光景，才感觉伤口有些疼痛，注射了一针止痛剂。其时血压相当低，体温高于平时一度左右。

在做手术之前，护士就给我“输液”了，一为加强体力，二为消炎。输入的加强体力的营养料有特地从上海运来的“人体白蛋白”，还有其他。消炎药品有好几种，不细说了。做手术之后，输液更频繁了，目的还是那两个。此外还输血，跟输液一样，也是从静脉管缓慢地输送到全身去。我的血是“A 乙亚型”，据说是比较少见的。在盛血的瓶子外面都记明献血人的姓名，待装入“输液”的瓶子里，就无从知道瓶子里的“A 乙亚型”的血是谁的了。我永远感激这些勇于献身救人的好人，他们的血输入了我的血管，我才得以活到如今。输血的分量是先多后少，在先的几次，每次四百 CC，总共输入了多少 CC，要查病历了。输液或输血成了常课。粗大的针轮流插入左右手背左右脚背的静脉管，橡皮膏把针固定住，于是那只手或脚最好一动也不动。盛着葡萄糖或血的瓶子挂在床侧的架子上，我常常睁开眼看瓶子，瓶子里的液体好像

永远不会降下来似的，就又闭上了眼。实则一天总不止输一瓶。早上八点光景，瓶子就挂上了，输完了一瓶再来一瓶。有几天要到晚上八九点才停止，我把它叫作“解放”。

当时诸位大夫最深切注意的有两项。一项是胆管的畅通，再一项是发烧的退净。到 7 月 18 日，也就是做手术之后的第十一天，手术时安装在伤口的“引流”管子里流出黄水来了，这表示胆管通畅了，诸位大夫以及诸位护士都深喜。皮肤上和眼白上的黄色从此逐渐消退了，至于发烧，入院之前就烧了，做过手术之后发几天烧也不足怪，长期不退烧可不好。在手术的第二天，就用蒸汽喷雾让我把肺里的痰咳出来，因为老年人长期卧床，很可能引起肺炎，那是挺可虑的。可是烧总不见退。医院里内外中西诸位大夫举行了几次会诊，还做了若干种检验，认为原因不在胆，还得着眼于肺。于是除服药和注射外，每天上下午各喷雾一次，尽可能排痰。到 9 月 3 日，开始发现痰里带血丝，下一天夜八点过后就大吐血。连续吐了七次，前三次都在一百 CC 左右，逐渐减少，到五日晚上才停止，是吞了大量的云南白药，注射了安洛血、

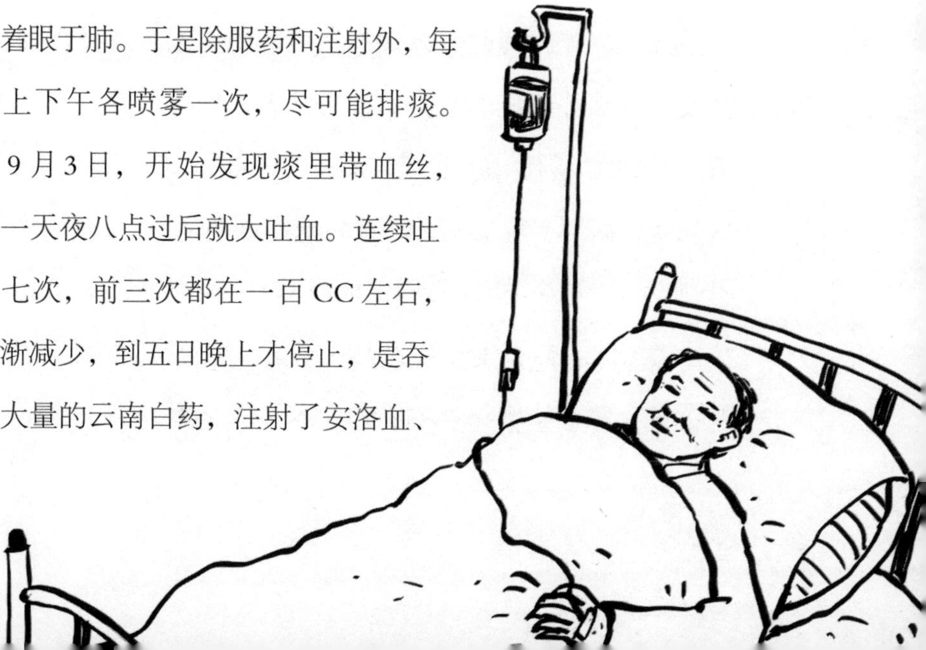

仙鹤草、止血敏等止血剂，才把血压住的。吐血的缘由是我咳痰用力过猛，致使小血管破裂。这回大吐血，在诸位大夫和护士，在我的家属和听到消息的朋友，都是突然袭击，莫大的惊恐。可是不久之后，老不肯退的烧却退了。

前面说了输液和输血，还有一项必须说的是“鼻饲”，就是使用“输液泵”，把营养料通过鼻管和咽喉压到胃里去。做过手术之后，我的吃喝功能特别差，粥用勺碾成糊，送到嘴里还不容易咽，喝水得用玻璃管慢慢地吸。输液虽然带入营养料，大夫们认为还不够，于是要用鼻饲。黄席珍大夫把鼻饲的方法告诉我，说用的硅胶管日本产，又细又软，吞下去极为容易。我听了心里矛盾，硅胶管老插在胃里恐怕不太好受，同时又想，这样新鲜事儿尝试一下也不错。结果我同意了。从 7 月 29 日开始，到 10 月 2 日才停止，只在吐血时停止了几天。硅胶管通过鼻管和咽喉插到胃里，就昼夜插着，并没有什么不舒服的感觉，过了几天，好像没有插什么了。压进去的营养料，在先是美国产的 Vivonex，后来是日本产的氨基酸，据说宇航员航天时吃的就是这类东西。我对来医院看望我的朋友说，我的食物现代化了。

做手术之后，张建希大夫几乎天天解开重重捆着我腹部的布条，仔细检查缝合的伤口，给刷上药水。到七月下旬，分两次把伤口的缝合线拆除。到8月23日，又把引流管拔掉，封上伤口，让它自然愈合。这条切开的痕迹从肚脐上方向右侧往下倾斜，长18.5厘米，齐整平贴，绝无疙瘩。以后每逢检查体格，检查的大夫总说这是顶好的成绩。

到这儿，手术和吐血的大略情形差不多都说了。在叙述逐渐恢复之前，我想先说一说在我病床周围的所有的人，他们全是我永远感激，永远忘不了的。

几位主治大夫简直把我看成自己的亲人，时时来看一看，问几句，细密的动作和体贴的语气全都透露出真诚。每天上午好几位大夫和护士来查病房，郑重，严肃，问得简要，记得迅速，俨然是个结合成一体的小分队。平时往往有一位或两位大夫进房来看一看，问几句。我不知道他们的姓名，在旁的家属问明了，我也记不住，可是我同样感激他们的热诚关切。

其次说护士。我要说我这回住院，遇到的护士全都是尽职的热诚的好人。输液，输血，压营养料，都做得精细又周到。那时是热天，几乎天天给我擦身，全身都擦遍，到末了端一盆水来给我洗脚。随时把我翻身，朝左边躺一阵之后，就好不容易地把我翻过来朝右边躺。也说不尽许多，总之我永远忘不了她们。以后好多次往医院取药或是检查身体，遇见当时熟识的几位护士，还是殷勤交谈，像遇见了老朋友那样欣喜。

其次说家属。我害病的消息一传出，在南京的至诚和姚澄，在汉中的孙儿永和，都请假来京了。大家一商量，就决定来病房陪我的班次。每天上午是至美，下午是孙媳姚兀真，她们也向所在单位说明，请了假。晚上是至善、至诚、永和还有至诚的朋友薛明四个人轮替值班，每晚二人，谁跟谁不一定，总之一个陪前半夜，一个陪后半夜，不陪的一个往休憩室在沙发上休息。在前一段时期，我浑身酸痛，不容易入睡，陪我的一个就为我按摩，按摩了一处再换别处。我吐血的那一夜和以后的几夜，人人惊慌，不值班的一个也没去休憩室睡觉。白天的事比夜间多，跟大夫接洽，跟来访的客人交谈，还做跟护士相同的事，给我翻身擦身，料理大小便，还坐在旁边为我催眠，抽空写简要的病房记录。这一切至美和兀真始终坚持下来，现在回想，真不容易。

现在说特地到医院来看望我的朋友。他们有的来一次，有的来好多次，有的问得极仔细，有的只坐在旁边殷切地端详我，一会儿就走了。有几位通信已久，从未见面，有机会来京当然要见见面，哪知道我正躺在病床上。至善陪他们来到医院，初次见面，只说了两三句话，就怅然走了。还有一位朋友从未来医院，却几乎天天到我寓所，遇见谁就向谁打听最近消息，听完就走了。我在这儿不必记载他们的姓名，可是他们的深情厚爱，我永不敢忘，也永不会忘。不过有一位朋友必须记载他的姓名，就是张纪元同志。纪元先于我入首都医院，住在另一座楼的病房里，也是要去掉胆结石。他本人和大夫先是犹豫不定，后来决定准备做手术。至善曾经到他病房里闲谈过一次。我做手术那天下午四点光景，纪元从他那座楼来到我这座楼，见我似乎昏昏欲睡，就把一张字条交给了护士回去了。字条上写得不多：“至善同志：闻叶老手术后平稳，甚慰。祝早日恢复健康！”这张字条可以见到他加强了准备做手术的信心。此后我想起纪元就问至善或跟纪元相熟的来访的朋友。他们的回答一致，都说已经做过手术了，经过情形很好。往后屡次问，屡次的回答全是“很好”。直到我出院之后大约十天光景，至善才悄悄地告诉我，纪元死了，日子是 8 月 4 号。他一向有红血球过多的毛病，当时他自己和大夫对手术踌躇就为此。头脑清明感情热烈的纪元同志，我永远怀念他。

以下说住院后期我的病体逐渐恢复的情形。吐血之后到 10 月 9 日出院，总共一个月光景。这段时期里，简要地说，无非两项事，一项是继续加强营养，再一项是重新学习日常生活，把不会了的恢复到会。加强营养靠鼻饲和勉力吃东西，此外还注射加强抵抗力的针剂。从手术之后就开始的“吸氧”还继续吸，不过不像以前那样经常吸了。至于恢复日常生活，可以说的挺多，这里只能简略地说说。

先说吃东西。病了这么些日子，装上上下颚两块假牙试吃东西，不会咀嚼了。喉咙口也作梗，咽下去很不容易，并且感觉不舒服。硬着头皮练习了几天，这才重新会吃东西了。我的食量向来不大，这时候当然吃了一点儿就算了，常常引起至美、兀真和护士们的不满，她们老是说：“怎么吃了这么一点儿就不吃了！”

其次说活动。在病床上躺了好几十天，翻个身也得依靠别人，当然说不上完全能自由活动了。张建希大夫早就考虑到这一层，把一条长带子系在脚边的床栏上，叫我双手抓住带子的这一头，使自己的身子坐起来。我试了好几回不成功，后来居然成功了。坐了起来脑袋耷拉着，身子摆不稳，挺不直，只好赶紧躺下。这样练习了好几天，居然能在床上坐定了，于是吃饭的时候端一个矮几来放在床上，练习自己吃饭，不再要他人喂。

其次说练习下地，那真是艰难的历程。坐在床上还不太难，把两条腿垂下来坐在床边可难了，仿佛马上要摔倒似的。

两只脚踩着地站起来更难了，虽然旁边扶着的不只一个人，可是地板和我的脚底好像都变了，变得凹凸不平了，因而站不稳了。练了好多回，能站稳了，然后练移步。一个人搬动左腿，另一个人搬动右腿，这样移了三四步，累了，赶紧扶回床去躺下。后来练到不用搬腿，只要扶着，能到窗边的椅子坐下，我和扶我的人都认为大告成功，异常高兴。出院前的十来天，每天早上在窗前进早餐，坐半小时，那真是十分愉快的享受了。

其次说睡眠和大便的逐渐恢复常态。做过手术之后，绝大部分日子是入睡的时间多，即使不入睡，也老是昏昏沉沉的。到了恢复时期，上午不入睡了，开了收音机听广播节目，跟至美谈各种事儿。午餐过后才入睡，睡一两小时就醒了，于是跟兀真闲谈，听她念些书报，由她照料我进晚餐，直到值夜班的来了，我才准备入睡。这样，可以说睡眠恢复到平时情况了。至于大便，一进医院就乱了套，大多是接连几天便不出，于是服麻仁滋脾丸，还是不济事，只好请护士戴上手套掏。有时又老是想便，折腾了一阵，洗擦铺陈刚完毕，我又嚷着赶快拿便盆来了。到了恢复时期，总算比较正常了，每天一次或两次，时间也较有定准，不过还是在床上便的时候居多，因为先得塞入一种叫作“开塞露”的润肠剂去引导，还是在床上方便。

到这里，各方面的恢复情况大致说了。经过检查，说可以出院了，我和家属多么高兴，可想而知，不必多说。到10月9日上午，我辞别了当时在院的有关的诸位大夫和护士离开了首都医院。我永远记住他们，永远感激他们。

附带记一笔，出院时体重一百零四斤，这一场病减轻了二十二斤。

近年来视力听力的衰退

长久伏案工作，长久昼夜使用眼睛，到中年看书写字就要戴老花镜了。眼睛底部曾经出过血，结了个疤，眼病是白内障、青光眼兼而有之，那还是近年来才由大夫告知的事。偶然发现墙上挂着的镜框子歪了，不是长方形了，而且左眼看去这样歪，右眼看去又那样歪。再看门窗的边沿，房梁的线条，直的不直了，平的不平了。曾经往眼镜铺要求配眼镜，希望把换了几次的老光镜换一副更深一点的。配光技师拿各号配光镜片给我试，屡次问:“这一片怎么样？”我觉得没有一片能使我看得更清楚些的。结果那位技师对我说:“我看您不用换了，就把原有的一副对付着使就可以了。”我佩服他的坦率，就道了谢走出眼镜铺。跟眼镜搭配的还有放大镜，我用过放大两倍的，再买一个，放大三倍。好几位关心我的朋友知道了，从本市，从香港，从美国，买了放大镜来赠我，形式或简单或复杂，有两个还装有小电灯照明，可是也不过三倍，对我并不见得更好些。戴起老光镜，拿着放大镜，老五号新五号字都毫无希望，四号字也不成，要三号字才可以看看，还要油墨浓些，印刷功夫地道些。既然如此，只好跟书报杂志绝缘了。必需看的时候，由他人念给我听。家里可以念给我听的有好几个，可惜他们闲暇的时间不多。至于写字，毛笔字写不来了。落笔看不准，或则不着纸，或则涂了个墨团。蘸了墨再写，就跟上一个字接不上气。因此，只能用钢笔、圆珠笔、水彩笔来写。看不准，“中”字的一直不偏左就偏右，“国”字“固”字往往不成方形，自己看了觉得可笑——以上说的是最近三年间的情形。

前年（1981年）12月29日，一位朋友嘱我看他刚完篇的稿子，并且要我给他提意见。稿子字细行密，我戴起眼镜，拿着放大镜，靠窗在阳光中看，看了二小时才完。第二天觉得左眼胀痛

很厉害，午餐吃不下，傍晚大呕吐。立即请首都医院的大夫来检查，说该是眼压太高之故。30日一早住进医院，在医院里过了年。住了八宿，眼压如常了，就出院回家。还得经常点药水，以防眼压升高。两眼情形不一样，所用药水也不一样，两眼还得点一种消炎的药水。因此，每天要点三种药水共四五回，至今从未间断。

我的眼睛坏到如此地步，跟人民文学出版社1976年交来的鲁迅著作“征求意见本”多少有些关系。这种本子我看了十本光景。当时的风气，编辑什么书籍都要“由各地工农兵理论队伍和各大学革命师生”担任，那一部鲁迅著作也是这么编成的。“征求意见本”注释特别多，字小，行间密，油墨淡，对于我的视力不甚相宜。但是我除了每篇的“题解”声明不看（因为我不赞同每篇有那样的题解），所有的注释全都仔细看过，而且提了不少意见。直到视力实在吃不消了，才停止不看。现在新的《鲁迅全集》已经出版，却不是从“征求意见本”整理而成的本子，我有一部，可惜我不能看了。

以下说听力衰退。

我听觉不甚灵敏从20世纪70年代初开始。那时也不过听人说话有些部分感到模糊，有时不得不问一声：“你说什么？”有时听错了意思当时不知道，后来才知道。那时朋友中使用助听器的有好几位，看他们有时拿在手里，有时放在上衣的口袋里，好像听得很清楚似的。我说让我试着听听，果然觉得朋友的话音响些清楚些。我就买了一个，是天津的产品。1978 年割除胆结石之后，又买了一个日本产的，体积比天津产的小得多，听起来似乎更清楚些。可是不论天津产的还是日本产的，在我只便于几个人在一块儿说话，还要坐得近些。到会场里就不成。发言者的话通过扩音机传来，绝大部分我只听见声音而辨不清意义。又听说同仁医院可以定做一种助听器，用塑料在耳朵里按个模型，主要部件嵌在模型里，只要装上一个挺小的“纽扣式电池”就可以使用。我想这样很方便，效用可能比原有的助听器好，就去定做了一个，在右耳按了模型。今年 1 月 8 日取得，装在右耳里试听别人说话，好像更清楚些，就带回来了。带到会场里，却也是闻声而不辨意的时候居多。从此两种助听器轮替着用，在家用先前买的，出外用新买的，取其方便。假如会场里装有助听器，我还是愿意用会场里的。但是也未必完全听得清，还得看条件。第一是会场里管理助听总机的同志要随时留意调节。第二是说话的同志要体谅他人，始终对准话筒，坐准距离说。具备了这两个条件，我在会场里该能够完全听清了。

还有一种情况也不妨说说。最近期间我在家里用助听器听家里人说话，好像个个害了感冒，全都带鼻音，而且全是高音。有时四五个人同时说话，我只听见男高音女高音还有刺耳的童音一齐袭来，非常难受，他们在说些什么却一点儿也不懂。我只好把助听器关上，于是所有的声音全渺茫了，可是我虽然跟他们在一起，实际是一个人独坐在那里了。

日常情况杂叙

新中国成立之后才有公费医疗制度，才有定期的体检。我除了定期体检，有时往医院取药，顺便挂个号请大夫做简单的体检。我的血压总受到大夫的赞许，高压低压距离适当，而且与年龄适合。透视，验耳朵挤出的血，作心电图，都说没问题。其实我自己也知道，近十几年间，除开大小几场病和伤风感冒期间，我的循环系统和消化系统都不错。按脉搏，总在六十七八到七十三四之间。每天早上试一回体温，总在三十六度到三十六度二三之间。每天大便二次，一次在早餐之后，一次在午后，算是余波，这是抗战以前早就养成的老习惯了。以前无所谓午睡，一九四九年到了北京开始午睡，于是午睡起来第一件事就是第二次大便。每天小便六次，白天三次（包括与大便同时的两次），夜间三次，增多一次的日子也有，但是不多。出去参加什么会，往往坐上两三个钟头，我绝不去厕所。

每天服用三回的药品有五种，从心肌梗塞那回出院之后直到如今。那五种药品是潘生丁、烟酸肌醇酯片、维他命 B、维他命 C、鱼肝油丸。抗感片和感冒冲剂也是常备药，有些儿感冒的感觉就服用，有时压住了，有时压不住。

每天七点半早餐，十二点午餐，六点过后晚餐，习以为常。近几年来，全家人一致嫌我吃得太少，说每餐主食只吃一两，不够营养。我说多装下去就觉得饱胀，不舒服，何况各种菜肴同样有营养。其实我毫无关于营养的知识，怕肚子饱胀是真的。

至于睡眠，大有可说。一般是睡眠时间极长，夜八点半睡，下一天早上五点半光景醒，扣除起来小便的时间，入睡总在八小时以上，再加上一小时的午睡，不就是九小时以上吗？但是要心中无事才这样，如果心中有事，如明天要去参加什么会，或者考虑写一篇文，或者想未完的文明天怎么写下去，或者推敲已经写成的文，那就睡不宁贴了。那时候心思像藤蔓似的尽量爬开来，越爬越繁，越爬越远，神经兴奋异常，有时竟至于一夜没睡着。青年时期中年时期虽然也有类似的情形，可没有近几年间那么厉害。因此，近几年间有一种矛盾的心情，对于自己想写愿意写的东西，乐于写又怕写。就像这篇自叙健康情况的东西，虽然由于编辑同志的嘱托，题材却是我自己选定的，是我愿意写的，可是每天写一点儿，写到今天是第二十一天了，其间有好几夜醒了再不能入睡，想得相当烦恼，竟至于想就此停笔。有时我想，要是能在太阳穴安装一个开关，关上开关就能不想，那就好了。可惜还没有人发明这种开关。

我行动还可以，能走一条胡同，只要支着手杖，左边有人扶一把就能走得快些。上台阶下台阶却非有人扶不可，只恐脚偶尔踩不稳，摔一跤。在书桌边上下午坐五六小时没问题，只觉脊骨末梢部分有些发酸，我的肌肉太消瘦了。

我自己觉察，近年来性子比先前更急了，这跟健康情况有没有关系，我断不定。写了一封信，要马上投入邮筒，盼望邮递员马上收回去盖戳封发，盼望收信人毫不耽搁尽快看到我这封信，而且马上给我写回信。有一位朋友约定下午三点来，到两点半我就在窗边踱步，频频朝外望了，望了好多回，抬头看挂着的钟才两点四十，我就嫌它走得太慢了。去年九月间，中共举行十二大，李先念同志致闭幕词，结末说到要在五年内做到三个根本好转（财政经济情况根本好转，党风根本好转，社会风气根本好转）。我听了佩服极了，兴奋极了，按我的急性子，巴望所说的五年过去得像五个月那样快。

（1983 年 12 月 4 日作）

来自故乡的礼品

我因肝病住医院已经一年多了，至今没有痊愈。在此期间，视听衰退得厉害。亲戚朋友听说我病了，有的写信来慰问，有的来医院探望，也有给我送花的、送食物的、送补品的，还有送他们自己的新著的，关怀之深之切，叫我感激不尽。信我是没法读了，因为左眼已经失明，右眼也只能辨认朦胧的形象，总是儿子至善给我念了，由他代复。书当然没法看，只好让孙媳兀真在我右耳边慢慢地响亮地念给我听（盛情来访的亲友的谈话，也得由她同样地转述给我听），每天听一段两段，那位朋友好像就在对面，跟我娓娓而谈，慰我寂寞。

今年年初，民进开六届三中全会，谢孝思老同志从苏州来参加，苏州市刺绣研究所恳请他带来一幅我的肖像，是特地绣了送给我的。大家看了都说绣得非常之像，不但形似，而且传神；针法疏朗，色彩淡雅，像钢笔素描，又像蚀铜版画，可是线条保持着针绣的韵味。听大家这样说，我想这幅绣像该称得上曲园先生赞美沈寿之作的所谓“神品”了。可惜我只能看到个模糊的轮廓，只能认出来绣的的确是我。至于大家说的色彩、针法、韵味，我只能想象得之了。

至善告诉我，一年以前苏州市刺绣研究所来要我的照片，说要给我绣肖像，他说刺绣的工程太大，代我再三辞谢，又感到盛情难却，终于把照片寄去了。刺绣研究所的来信上说，底稿是画师余克危同志的手笔，工艺师任嘒闲同志绣了四个月才完工。还打听到余克危同志是画西洋画的，年纪四十出头，任嘒闲同志是位年逾古稀的老太太，她绣我的肖像用了一种新的针法，叫作“虚实乱针绣”。

继承苏绣的传统又不拘泥于传统，探索各种绘画的表现手法，把握其特色为我所用，不断地丰富刺绣艺术，开拓刺绣艺术的新领域，都表明苏州市刺绣研究所名副其实在研究，绝非一个普通的刺绣工场。记得 20 世纪 50 年代我第一次去参观，就看到了绒线绣。作品的色彩浓重而厚实，与油画相仿，材料用绒线，底子是亚麻布，都是苏绣从未用过的；可是按画稿的色彩捻成颜色和深浅各不相同的绒线，用紧密齐整的针脚布满在底子上，可又是苏绣的传统手法。当时正在绣制几幅大尺寸的出国展品，我想国际友人看了，也会赞叹不止的。

过几年再去参观，就看到了乱针绣。色彩明亮淡雅，说是水彩画吧，明明有线条，说是粉笔画吧，粉笔画的线条没有光彩，也没有这样细而直的。用的丝线也是按画稿上的色彩捻成的；针脚大多一寸来长，长于传统针脚的两三倍。最大的特点自然是乱，底子是缎子，布满了横七竖八的针脚，而传统的刺绣是一针挨着一针，排比得紧密而齐整的。可别以为乱就是乱来，无数横七竖八的针脚组成一幅画，这还不算，要像，又要传神，怎么可以乱来呢？每一针下去，走向、长短，都得比照着画稿反复端详，郑重又郑重。针法虽又是创新，认真细致的传统可没有改变。

苏州市刺绣研究所不但有经验丰富的老工艺师，还有好几位画师，有专长临摹的，有专长写生的。工艺师不断地有所创造，得力于跟画师的合作和互相切磋。培养年轻人则绘画与刺绣并重，临摹与写生并重，继承与创新并重，这样的教学方法，我非常赞成。每次回苏州，我总要去刺绣研究所看看，好像探望老朋友一个样，看看他们又有了什么新进展、新作品，分享他们创造的乐趣。

虚实乱针绣，毫无疑问是乱针绣的一个创新，乱针绣上加“虚实”二字，一定跟满幅的乱针绣有所不同。我辨不清差别在哪儿，就问至善。至善告诉我说，以前看到的乱针绣，画面布满了针脚，这幅绣像可不一样。不同层次的明暗用针脚的或疏或密来表现，因而有钢笔速写的味道。最明亮的部分留空，完全露出白色的缎子底子。如左半边脸的下方正好受光，这部分就留空，也不是绣一条细线来勾出脸的轮廓，而用绣在背景上的针脚把受光的部分衬托出来，看着更加自然。针脚密，横七竖八叠在一起，有针把稍有差次还可以掩饰过去；这幅绣在高五十厘米宽四十厘米的白缎子上的肖像，针脚那么少，那是一丝半缕也马虎不得的，怪不得大家看了都赞不绝口。

前边说过，至善说他感到苏州市刺绣研究所的盛情难却，还是把我的照片寄去了。现在绣像捎来了，我当然异常激动，感谢无量。我感谢苏州市刺绣研究所，感谢画底稿的余克危同志，特别感谢辛劳了四个月的任嘒闲老工艺师，也感谢不嫌累赘，把这幅绣像带到北京的谢孝思老同志。

绣在画面上的固然是我的形象与姿态，可是，绣得这样妙肖，全由于工艺师的艺术修养与熟练技能。这样想来，这幅绣像能否完全属于我呢？还是那句话，由于盛情难却，我必得敬受，暂且保存。在最近的将来，一定要归回苏州市刺绣研究所珍藏。

（1986 年 3 月作）

纪念雁冰兄

雁冰兄五十初度的时候，我写过一篇文字，谈他的文学工作。现在纪念他诞生九十周年，我在病中，心思迟钝，想不出什么新的话，只好重述那篇文字中的两点意思。

第一点，雁冰兄是自学成功的人。20 世纪 20 年代初，他在商务印书馆任事，编辑工作不仅是他的职业，也是他磨炼自己的课程。他专心阅读外国文艺书刊，注意思潮和流派，选择内容和风格都有特点的作品翻译出来，后来编成的《雪人》《桃园》等集子，大家都认为是最好的选集。他把许多书堆在床头，还有纸和笔，半夜醒来想起什么，就捻亮电灯阅读，如有所得赶紧用笔记在纸片上，唯恐遗忘。当时我听说他有这样的习惯，非常钦服，我从来没有这样勤奋过。

第二点，雁冰兄作小说，一向先定计划，决不信笔直书，

写到哪里算哪里。计划不只藏在他的胸中，还要写在纸上，而且不是个简单的纲要，竟是细磨细琢的详尽的记录。我有这么个印象，他写《子夜》是兼具文艺家搞创作和科学家写论文的精神的。对于那些自认为创作全凭才气的人们来说，我想，雁冰兄的创作态度很值得供他们作比照。

纪念老朋友，无非把旧话重说一遍。但愿这两点意思不是毫无用处的废话。

（1986 年 6 月 22 日）

悼　丁　玲

丁玲也去了，老朋友又少了一位。她跟我相识快六十年了，可是离多聚少，不通音信的日子倒占了一大半。一九二七年，我代振铎兄编《小说月报》，她是投稿人，住在北平，先通信往来；第二年到了上海，我才见到她，跟胡也频几乎形影不离。他们有时到我家里来，有时在朋友们的聚会上见面，那年秋天还一同去海宁观潮。一九三一年一月，胡也频被捕，丁玲到开明书店找我和朋友们设法营救。大家都同情这一对青年人，想了些办法，都没有效，胡也频不久就被反动派杀害了。两年以后，一九三三年五月，丁玲被捕了，我和朋友们又设法营救，可是杳无消息，大家以为她跟胡也频一样，也遭到了残害。到抗日战争后期，我才听说丁玲在延安，真个喜出望外。

再见面是 1949 年，我到北平以后。相隔十六个年头，她还是老样子，热情，健谈，只是服装改了，穿的灰布解放装，先前在上海，经常穿的西式裙子。建国之初大家都忙，几乎只能在会场上相见，互通消息得靠报纸。我知道她的《太阳照在桑干河上》得了奖，知道她办文学讲习所很卖力气。没想到一九五七年夏天，所有的日报都以头版头条刊出了那则吓人的新闻，“反党”哩，罪名可不小，紧接着是连篇累牍的揭发批判文章。丁玲是那样一个人吗？她为什么要那样做呢？读着报纸，我不由得心里发愣。从那以后，足足又二十二个年头，我没见着丁玲。

再相见是一九七九年夏天，她从山西迁回北京之后。那一天，她跟陈明一同来看我。突然见到她，我真个又惊又喜。人当然老了，鬓边有了白发，还是热情，健谈。二十二年的往事，记不清是从哪儿说起的，拉拉杂杂，没有个头绪，总之问题大部分解决了，留下的正在解决。忽然她说：当初要不是我发表了她的小说，她可能不会走上文学这条道路。我不同意这句话，走上文学道路是她自己的选择，也是她自己努力的结果。可是我理解，她并无埋怨的意思，只是表明她虽然经受了非同寻常的折磨，却毫不反悔，而且打算在这条路上继续走下去。

近几年来我身体不好，经常住医院，丁玲探望过我好几回，每回都带了花来。年前听说她病了，进了另一家医院，我没法去探望她，想不到就此永别了。她跟我说过想写《太阳照在桑干河上》的续集。此外总还有什么别的计划吧？要是让她多活几年，或者在过去，就让她多写个十来年，那该多好呀！——我这样想。

（1987 年 3 月 6 日作）

叶圣陶生平简编

1894 年

10 月 28 日，出生于江苏省苏州市悬桥巷一个平民家庭，名绍钧。父叶仁伯，为人管账；母朱氏，理家。

1901 年　七岁

本年起，在张元仲设立的私塾读书，与顾颉刚是同学。课余常随父亲去听说书。

1911 年　十七岁

7 月，在《妇女时报》发表第一篇论文《儿童之观念》。

1912 年　十八岁

春，为维持家计，在苏州城里干将坊言子庙初等小学二年级任教员。

1915 年　二十一岁

秋，经由郭绍虞介绍，到上海商务印书馆附设的尚公学校（小学）教国文，并为商务印书馆编小学国文课本。

1919 年　二十五岁

2 月，应顾颉刚、傅斯年、罗家伦等邀请，在《新潮》发表新诗《春雨》和短篇小说《这也是一个人》（收入《隔膜》时改题为《一生》）等，标志着叶圣陶正式以“为人生”的文艺创作加入了“五四”新文化运动和文学革命运动。

1921 年　二十七岁

1 月 4 日，与周作人、沈雁冰、郑振铎等十二人发起，在北京成立文学研究会，共同举起“为人生”的现实主义文学旗帜。

1922 年　二十八岁

1 月 7 日，郑振铎主编的《儿童世界》创刊，叶圣陶积极支持。自 1921 年 11 月 15 日起，写《小白船》《燕子》《一粒种子》等九篇童话，均在《儿童世界》刊出。这是叶圣陶童话创作的开始，也是中国新文学史上童话创作的一个良好的开端。

同月，第一部童话集《稻草人》由上海商务印书馆初版印行。

1929 年　三十五岁

9 月 5 日，作童话《古代英雄的石像》，开始了童话创作的第二个高潮。

1931 年　三十七岁

6 月，第二部童话集《古代英雄的石像》由开明书店初版印行，为“开明少年丛书”之一。收童话九篇，丰子恺插图，书后附丰子恺的读后感。

1934 年　四十岁

3 月，《多收了三五斗》由鲁迅和茅盾编入中国现代作家短篇小说集《草鞋脚》。该书由伊罗生译成英文，1974 年由美国麻省理工学院出版社出版。

1936 年　四十二岁

3 月，《圣陶短篇小说集》由上海商务印书馆初版印行，编入文学研究会丛书，收小说二十八篇，这是叶圣陶第一种自选小说集。

1937 年　四十三岁

2 月，文艺评论集《文章例话》由开明书店初版印行，至 1949 年 3 月共印十一版。

1939 年　四十五岁

3 月 28 日，任《中学生》杂志社社长。

5 月 5 日，《中学生》杂志改为《中学生战时半月刊》，在桂林复刊，叶圣陶任杂志社社长。

1947 年　五十三岁

7 月，撰《少年国语读本》(共四册)，由开明书店初版印行。其内容切近少年生活，文字精当流畅，富于文艺情趣，少年需用的文体大体齐备，可作为写作的范本。

1948 年　五十四岁

1 月，亲自编选的《叶圣陶文集》由上海春风书店出版。

8 月，撰《儿童国语读本》(共四册)，由开明书店出版。

1954 年　六十岁

12 月，自选修订《叶圣陶短篇小说集》，由人民文学出版社出版，收入《一生》等二十三篇小说。

1959 年　六十五岁

《叶圣陶选集》由人民文学出版社出版，收入《人生》等小说三十七篇、《登雁塔》等散文十篇。

1979 年　八十五岁

8 月,《叶圣陶童话选》修订本由中国少年儿童出版社出版。

1980 年　八十六岁

8 月,《叶圣陶语文教育论集》由教育科学出版社出版，共收入有关论文、评论、杂文一百一十二篇，书信三十六封。

1988 年　九十四岁

1 月 22 日发病，当晚住进北京医院。

2 月 16 日晨抢救无效，八点二十分病逝。

叶圣陶 青少年文库

（童话卷一）
稻草人

这是现当代中国童话的开荒之作，是“为中国童话开了一条自己创作的路的”。叶圣陶的童话结合时代的特征，富有想象力，语言简洁，内容深刻，富含哲理。

（童话卷二）
玫瑰和金鱼

收录了叶圣陶创作的经典童话，充满童趣，意蕴深厚，与社会现实紧密结合，充分反映了“文学为人生”的创作宗旨。

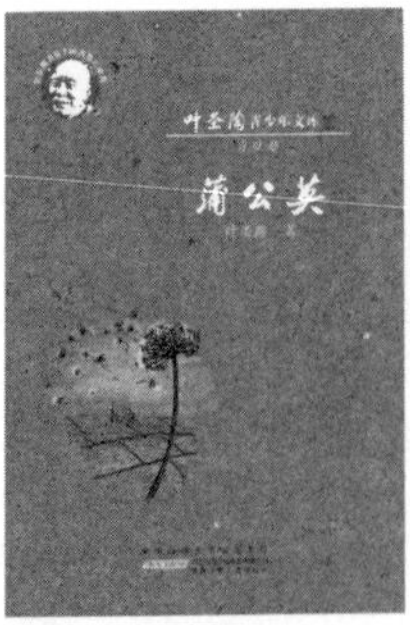

（诗歌卷）
蒲公英

收录了叶圣陶用最质朴的语言、最生活化的诗意，为我们谱写的最天然的诗歌，也是影响几代人的最具音律感的睡前歌谣。

（散文卷一）
没有秋虫的地方

收录了叶圣陶早期的经典散文，内容丰富，题材各异，从一个侧面反映了作者的思想感情及创作风格，非常值得品读。

（散文卷二）

我坐了木船

收录了叶圣陶早期的经典散文，构思精巧，内蕴深厚，充分显示了作者的文学功底及丰富的人生阅历。

（散文卷三）

一个少年的笔记

收录了叶圣陶在建国之后创作的散文作品，涉及内容广泛，风格恬淡，有对自身经历的回顾，也有多姿多彩的随想。

（小说卷一）

小铜匠

收录叶圣陶早期创作的经典短篇小说。其中多是对孩子和母爱的赞颂，通过人物的对话和对自然的美好书写，让读者自己体会到这些关于爱和自由的理想。

（小说卷二）

潘先生在难中

收录了叶圣陶二三十年代创作的经典短篇小说。作者善于捕捉时代特征下人物心理和性格，塑造出一个个“城市小资产阶级”和利己主义者的经典形象。

（小说卷三）

友　谊

收录了叶圣陶的经典小说作品，意蕴深厚，构思精巧，深刻反映了当时的社会现实，充满了对人民大众的同情与怜悯。

（随笔例话卷）

假如我有一个弟弟

这是一本凝结了叶圣陶一生关于写作和教育方面的智慧和经验的书。如何写作，如何读书，如何教育，听叶圣陶老人为我们娓娓道来。